土地资源安全背景下
社保体系与社会安全治理

TUDI ZIYUAN ANQUAN BEIJINGXIA

SHEBAO TIXI YU SHEHUI ANQUAN ZHILI

杜建军　章友德◎著

中国政法大学出版社

2024·北京

图书在版编目（ＣＩＰ）数据

土地资源安全背景下社保体系与社会安全治理/杜建军, 章友德著. —北京：中国政法大学出版社，2024.10

ISBN 978-7-5764-1161-4

Ⅰ.①土… Ⅱ.①杜… ②章… Ⅲ.①社会保障－关系－社会管理－研究－中国 Ⅳ.①D63

中国国家版本馆CIP数据核字(2023)第213453号

出 版 者　中国政法大学出版社

地　　址　北京市海淀区西土城路25号

邮寄地址　北京 100088 信箱 8034 分箱　邮编 100088

网　　址　http://www.cuplpress.com (网络实名：中国政法大学出版社)

电　　话　010-58908285(总编室) 58908433（编辑部）58908334(邮购部)

承　　印　固安华明印业有限公司

开　　本　720mm×960 mm　1/16

印　　张　11

字　　数　180 千字

版　　次　2024 年 10 月第 1 版

印　　次　2024 年 10 月第 1 次印刷

定　　价　52.00 元

上海政法学院学术著作编审委员会

总 序

　　四秩芳华，似锦繁花。幸蒙改革开放的春风，上海政法学院与时代同进步，与法治同发展。如今，这所佘山北麓的高等政法学府正以稳健铿锵的步伐在新时代新征程上砥砺奋进。建校 40 年来，学校始终坚持"立足政法、服务上海、面向全国、放眼世界"的办学理念，秉承"刻苦求实、开拓创新"的校训精神，走"以需育特、以特促强"的创新发展之路，努力培养德法兼修、全面发展，具有宽厚基础、实践能力、创新思维和全球视野的高素质复合型应用型人才。四十载初心如磐，奋楫笃行，上海政法学院在中国特色社会主义法治建设的征程中书写了浓墨重彩的一笔。

　　上政之四十载，是蓬勃发展之四十载。全体上政人同心同德，上下协力，实现了办学规模、办学层次和办学水平的飞跃。步入新时代，实现新突破，上政始终以敢于争先的勇气奋力向前，学校不仅是全国为数不多获批教育部、司法部法律硕士（涉外律师）培养项目和法律硕士（国际仲裁）培养项目的高校之一；法学学科亦在"2022 软科中国最好学科排名"中跻身全国前列（前 9%）；监狱学、社区矫正专业更是在"2023 软科中国大学专业排名"中获评 A+，位居全国第一。

　　上政之四十载，是立德树人之四十载。四十年春风化雨、桃李芬芳。莘莘学子在上政校园勤学苦读，修身博识，尽显青春风采。走出上政校门，他们用出色的表现展示上政形象，和千千万万普通劳动者一起，绘就了社会主义现代化国家建设新征程上的绚丽风景。须臾之间，日积月累，学校的办学成效赢得了上政学子的认同。根据 2023 软科中国大学生满意度调查结果，在本科生关注前 20 的项目上，上政 9 次上榜，位居全国同类高校首位。

　　上政之四十载，是胸怀家国之四十载。学校始终坚持以服务国家和社会需要为己任，锐意进取，勇担使命。我们不会忘记，2013 年 9 月 13 日，习近平主席在上海合作组织比什凯克峰会上宣布，"中方将在上海政法学院设立中国-上海合作组织国际司法交流合作培训基地，愿意利用这一平台为其他成员国培训司法人才。"十余年间，学校依托中国-上合基地，推动上合组织国家司法、执法和人文交流，为服务国家安全和外交战略、维护地区和平稳定作出上政贡献，为推进国家治理体系和治理能力现代化提供上政智慧。

历经四十载开拓奋进，学校学科门类从单一性向多元化发展，形成了以法学为主干，多学科协调发展之学科体系，学科布局日益完善，学科交叉日趋合理。历史坚定信仰，岁月见证初心。建校四十周年系列丛书的出版，不仅是上政教师展现其学术风采、阐述其学术思想的集体亮相，更是彰显上政四十年发展历程的学术标识。

著名教育家梅贻琦先生曾言，"所谓大学者，有大师之谓也，非谓有大楼之谓也。"在过去的四十年里，一代代上政人勤学不辍、笃行不息，传递教书育人、著书立说的接力棒。讲台上，他们是传道授业解惑的师者；书桌前，他们是理论研究创新的学者。《礼记·大学》曰："古之欲明明德于天下者，先治其国"。本系列丛书充分体现了上政学人想国家之所想的高度责任心与使命感，体现了上政学人把自己植根于国家、把事业做到人民心中、把论文写在祖国大地上的学术品格。激扬文字间，不同的观点和理论如繁星、似皓月，各自独立，又相互辉映，形成了一幅波澜壮阔的学术画卷。

吾辈之源，无悠长之水；校园之草，亦仅绿数十载。然四十载青葱岁月光阴荏苒。其间，上政人品尝过成功的甘甜，也品味过挫折的苦涩。展望未来，如何把握历史机遇，实现新的跨越，将上海政法学院建成具有鲜明政法特色的一流应用型大学，为国家的法治建设和繁荣富强作出新的贡献，是所有上政人努力的目标和方向。

四十年，上政人竖起了一方里程碑。未来的事业，依然任重道远。今天，借建校四十周年之际，将著书立说作为上政一个阶段之学术结晶，是为了激励上政学人在学术追求上续写新的篇章，亦是为了激励全体上政人为学校的发展事业共创新的辉煌。

党委书记　葛卫华教授
校　　长　刘晓红教授
2024 年 1 月 16 日

前　言 PREFACE

2015 年初中共中央政治局审议通过《国家安全战略纲要》，凸显了我国对公共安全治理的重视。十八届三中全会强调加强社会治安综合治理，依法严密防范和惩治各类违法犯罪活动。中共十九大进一步强调通过加强社会保障体系建设，打赢脱贫攻坚战，从而改善民生水平，加强和创新社会治理。然而伴随着历史进步和社会发展，中国却面临着诸多的风险和社会安全问题。

在这样复杂的背景下，如何保障我们的社会安全，如何破解中国社会转型时期社会安全治理面临的重大问题，努力提高应对社会安全问题的能力是我们的当务之急。因此，本书通过研究发现导致中国社会安全问题出现的内在本质原因，然后以此为突破点，基于扎实的理论、实证和对策研究，探索一条切实、有效推动中国社会安全治理制度的改革之路。这是本书研究的现实价值。

本书梳理了中国城市社会保障二元结构、低保制度和新农合医保制度的典型事实，构建了土地征收和城市社会保障新二元结构对犯罪率的影响效应以及低保制度和新农合医保制度对犯罪率的影响效应理论模型。并提出了土地征收和城市社会保障二元结构提高了犯罪率的研究假说，以及低保制度和新农合医保制度降低了贫困群体犯罪的概率，从而降低了中国犯罪率研究假说。然后应用 2011-2015 年中国 200 多个城市的面板数据，运用固定效应模型（FE）、随机效应模型（RE）、空间滞后模型（SAR）、空间误差模型（SEM）和空间广义系统矩估计（SGMM）等多种计量方法对研究假说进行验证，并进一步验证了城市社会保障新二元结构提高了犯罪率以及低保制度和新农合医保制度降低了犯罪率的传导机制。得出以下主要结论。

一、土地征收对犯罪率的影响效应研究结论

（一）控制了其他解释变量后，征地数量对犯罪率的影响正显著，征地数量每上升1%，将会推动犯罪率上升0.42%。并且运用不同指标度量犯罪率和征地数量后，结果依然稳健。

（二）东部地区和省会城市及副省级城市的土地征收活动对犯罪率的影响与其他地区没有显著区别。

二、城市社会保障二元结构对犯罪率影响效应研究结论

（一）控制了犯罪率的空间效应后，城市社会保障二元结构的代理变量失业保险未参保率每增加1%，犯罪率将会增加0.038%。并且采用不同的犯罪率替代指标进行检验，结果依然稳定。另外，东部地区城市社会保障二元结构对犯罪率的影响显著地小于其他地区城市。

（二）城市社会保障二元结构对城市外来流动人口的排斥，一方面使他们更加容易因疾病及失业致贫，直接地增加了城市外来流动人口的犯罪概率；另一方面当失业等造成他们的可支配收入下降时，如果没有健全的失业保障体制保护他们，就会间接地增加城市外来流动人口犯罪的可能性。

三、低保制度减少犯罪率的效应研究结论

（一）控制了犯罪率的空间效应后，低保享受人数每增加1%，犯罪率将会减少0.065%。东部地区和其他地区低保参保人数系数分别为-0.002和-0.130且都在10%水平上显著，东部地区低保救助制度对犯罪率的影响显著地小于其他地区。

（二）人均可支配收入和贫富差距是低保制度影响犯罪率的中介变量，人均可支配收入的中介效应占总效应的比例为7.4%，贫富差距是低保制度影响犯罪率的另一个中介变量，贫富差距的中介效应占总效应的比例为0.3%。因此，人均可支配收入和贫富差距在低保制度与犯罪率关系中起着关键性作用。

四、新农合医保制度减少犯罪率的效应研究结论

（一）新农合参保人数每增加1%，犯罪率将会减少0.137%。

（二）人均可支配收入和贫富差距是新农合制度影响犯罪率的中介变量。新农合参保人数与人均可支配收入的交乘项对犯罪率的影响系数为-0.010且在5%水平上显著，表明新农合参保人数通过增加了人均可支配收入，从而降低了犯罪率。新农合参保人数与贫富差距的交乘项对犯罪率的影响系数为-0.002且在10%水平上显著，表明新农合参保人数通过缩小贫富差距，从而降低了犯罪率。

五、提升和创新社会安全治理制度供给侧改革的优化方案

依据以上研究结论，从迁移人口融入城市及城乡统一的社会保障制度设计、完善低保制度的战略思路和完善新农合医保制度的战略思路等方面，提出了提升和创新社会安全治理制度供给侧改革的优化方案。

（一）完善土地制度

一是确立土地的农民处置权，以减少地方政府大规模的征地运动，维护农民的正当、合法权益。二是强化国土资源部门的执法权力，运用科技手段监督土地资源的安全，严惩未经国土资源部门审批的非法征地行为，维护土地资源安全。三是全国统一规划，制定可行有效的实施步骤，逐步消除现存的以户籍制度和土地制度为代表的城乡二元制度，这不仅能促进社会的和谐稳定，而且能为社会经济长久、持续的发展奠定基础。

（二）迁移人口融入城市及城乡统一的社会保障制度设计

一是在制定各种政策时，应遵照统一的原则，不再制造新的二元分割结构，甚至加大各种公共投入向弱势群体的倾斜幅度，以弥补他们过去为社会经济的发展付出的代价。二是尽快建立完善统一、广覆盖和较高水平的社会保障体系，为民众建立一个兜底的社会安全网，这不仅有利于减少犯罪率，而且在中国经济下滑的背景下，对社会的和谐稳定发展至关重要。

（三）完善低保救助制度

一是中央财政统筹低保财政资金安排。二是财政大幅提高低保保障水平和扩大低保保障范围。三是政策设计激励和监督并举推动低保制度的落实和实施。

（四）完善新农合医保制度的战略思路

一是大幅提高财政补贴及报销比例，建立财政补贴及报销比例逐步提高的机制。二是扩大大病保障基本药物覆盖范围。三是放松医疗资源供给管控，中央加强对地级城市医疗设施建设专项转移支付。四是补贴激励优秀医学毕业生到中小城市就业

目 录 /CONTENTS

绪　论

第一节　研究意义

2015 年初中共中央政治局审议通过《国家安全战略纲要》，凸显了我国对公共安全治理的重视。十八届三中全会强调加强社会治安综合治理，依法严密防范和惩治各类违法犯罪活动。中共十九大进一步强调通过加强社会保障体系建设，打赢脱贫攻坚战，从而改善民生水平，加强和创新社会治理。十九大报告指出，让改革发展成果更多更公平惠及全体人民，坚持在发展中保障和改善民生。增进民生福祉是发展的根本目的。必须多谋民生之利、多解民生之忧，在发展中补齐民生短板、促进社会公平正义，在幼有所育、学有所教、劳有所得、病有所医、老有所养、住有所居、弱有所扶上不断取得新进展，深入开展脱贫攻坚，保证全体人民在共建共享发展中有更多获得感，不断促进人的全面发展、全体人民共同富裕。建设平安中国，加强和创新社会治理，维护社会和谐稳定，确保国家长治久安、人民安居乐业。

目前，中国社会建设与社会治理结构滞后于社会经济的发展，城市社会安全治理体制滞后于社会经济的发展导致的群众对公共安全的需求，社会安全保障基础相对薄弱，与经济快速发展的矛盾越来越凸显，影响和制约了社会经济全面、协调和可持续发展。在这样复杂的背景下，如何保障我们的社会安全，如何破解中国社会转型时期社会安全治理面临的重大问题，努力提高应对社会安全问题的能力是我们的当务之急。中国社会安全问题之所以出现上述一系列问题，难以在现有的体制与政策框架下得到全面有效解决，一个重要原因就是现有学术研究和政策框架忽视了中国社会安全治理问题的多面性、复杂性和不同问题之间的内在联系。因此，政策框架和学术研究应该对中国社会安全问题面临的困难进行全面深入的考察和研究，选择重点领域突破，以重点领域带动全面突破的方式推动中国社会安全问题的解决。因此，本书通过研究发现导致中国社会安全问题频现的内在原因，然后以此为突破点，基于扎实的理论、实证和对策研究，探索一条切实、有效推动中国社会安全治理制度的改革之路。这是本书研究的现实价值。

社会安全问题早已为学术界所重视，学术界围绕这个问题展开了大量的研究。但现有学术研究和政策框架忽视了社会安全的多面性、复杂性和不同问题之间的内在联系。因此，本书选择社保体系对社会安全的作用为重点领域突破，通过运用扎实的定性分析法、计量分析法、实地调查法等方法，探索通过完善社保体系减少犯罪率的效应及其传导机制，从而从供给侧方面改善中国的社会安全治理水平，维护中国社会的长期稳定发展。这是本书研究的理论价值。

第二节　研究方法

根据研究内容，本书将综合社会学、经济学等多学科方法，采用实地调查法、统计描述法、比较研究法、计量经济分析法等方法。具体应用如下：

一、实地调查法

本书在搜集全国及地方统计年鉴数据基础上，组织在校研究生赴全国主要区域和主要城市（上海、北京、深圳、杭州、成都、武汉、西安等城市）进行实地调查，以获得大样本调查数据同时对地方人社、公安和财政等政府部门深度访谈，获得了一手大样本数据和资料。

二、统计描述法

统计描述法是现代统计学的一个重要方法。本书结合从各个渠道获得的大样本数据，将统计描述法广泛应用于本书的研究，以期通过大数据的处理和描述发现研究问题的特征和发展趋势。

三、比较研究法

比较和借鉴是向发达国家的有益经验进行学习和借鉴的现实而有效的方法。在本书研究中，国外社会安全管理制度分析及借鉴将主要采用比较研究方法进行分析。我们将在总结美国、欧洲和日本部分发达国家相关经验与教训基础上，与中国的情况进行比较社会学和管理学分析，为进一步推进有中国特色的社会安全管理改革过程中的制度框架设计和具体改革政策制定提供有益经验和启示。

四、计量经济分析法

计量经济学是现代经济学与统计学的结合，已被广泛应用于经济学、管理学和社会学等领域的实证研究。本书的实证研究运用了最小二乘法（OLS）、固定效应模型（FE）、系统广义矩估计（$SGMM$）、工具变量广义矩估计（$IVGMM$）、空间滞后模型（SAR）、空间误差模型（SEM）、空间广义矩估计（GMM）和中介效应模型等多种计量方法，均拟采用中国市级层面数据为研究样本。

（一）对于土地征收提升犯罪率的效应研究

采用 2011-2015 年 238 个城市的面板数据，运用 2SLS 方法对土地征收与犯罪率之间的关系进行考察。其计量模型如下：

1. 基准模型

$$CRM_{dt} = \beta_0 + \beta_1 ELQ_{dt} + \beta_2 X_{dt} + \phi_d + \varphi_t + \eta_{dt}$$

其中，被解释变量 CRM_{dt} 表示市 d 在 t 时期的刑事犯罪率，中国法院的刑事判决数量主要取决于检察院的起诉及批捕数量和公安机关的刑事立案数量。因此，中国法院、检察院和公安局的犯罪记录数据横向和纵向都高度相关。鉴于数据的可得性，我们选用检察院起诉率作为犯罪率的替代指标，用城市检察院起诉人数比常住人口得出。ϕ_d 表示城市固定效应，φ_t 表示时间固定效应，β_0 至 β_2 是待估系数，η_{dt} 是随机扰动项。另外，对于绝对量变量都采用取对数处理。

主要解释变量 ELQ_{dt} 表示城市 d 在 t 时期的征地数量。目前，尽管存在土地征收的相关条例和文件，但实践中各个城市对土地征收补偿不透明且随意性较大，因此我们选用城市政府的征用农村土地数量来度量土地征收活动。《中国城市建设年鉴》统计了各城市征地数量，但有的年份数据缺失，我们用线性插值法补全缺失数据。

控制变量 PIN_{dt} 表示城市 d 在 t 时期的农村人口人均可支配收入，可支配收入的缺乏将会使人陷入困境，困境中人有可能失去理性，从而走向犯罪，从而影响了城市的犯罪率。POP_{dt} 表示城市 d 在 t 时期的常住人口数量，城市常住人口数量越多，外来流动人口就会越多，犯罪率就可能越高。$GGDP_{dt}$ 表示市 d 在 t 时期的 GDP 增长速度，GDP 的增长从吸引大量外来人口进入城市和增加人们收入及民众幸福感两方面影响犯罪。UNE_{dt} 表示城市 d 在 t 时期的城镇登记失业人数，城镇失业率每上升 1% 导致犯罪率上升约 3%。URB_{dt} 表示城市 d 在 t 时期的城市化水平，城市化引发空间环境变化，引起经济社会结构变革，带来城市犯罪的因素大量增多。DEN_{dt} 表示城市 d 在 t 时期的人口密度，陈硕（2012）指出人口密度增加可以带来犯罪率的上升。EDU_{dt} 表示市 d 在 t 时期的教育水平，用城市每万人中在校大学生数量度量教育水平。

2. 工具变量（IV）估计

$$ELQ_{dt} = \beta_0 + \beta_1 CLA_{st} + \beta_2 X_{dt} + \phi_d + \varphi_t + \eta_{dt}$$

$$CRM_{dt} = \beta_0 + \beta_1 ELQ_{dt} + \beta_2 X_{dt} + \phi_d + \varphi_t + \eta_{dt}$$

其中，式（2）为一阶段估计方程，工具变量 CLA_{St} 表示城市所在省的城市建设用地面积滞后一期。式（3）为二阶段估计方程。

（二）对于城市社会保障二元结构提升犯罪率的效应研究

采用 2011-2015 年 200 多个城市的面板数据，运用空间滞后模型（SAR）、空间误差模型（SEM）和空间广义矩估计（GMM）对城市社会保障新二元结构与犯罪率之间的关系及其传导机制进行考察。其计量模型如下：

1. 空间动态面板模型

$$CRM_{dt} = \alpha_0 + \rho W \cdot CRM_{dt} + \alpha_1 CRM_{d,\ t-1} + \alpha_2 UIR_{dt} + \alpha_3 HJR_{dt} + \alpha_4 GGDP_{dt} + \alpha_5 UNE_{dt} + \alpha_6 URB_{dt} + \alpha_7 DEN_{dt} + \alpha_8 PFE_{dt} + \alpha_9 EDU_{dt} + \lambda_d + \omega_t + \mu_{dt}$$

其中，被解释变量 CRM_{dt} 表示市 d 在 t 时期的犯罪率。W 是空间权重矩阵，ρ 是空间自回归系数，反映了在地理空间上邻接区域对本区域犯罪率的空间溢出效应，λ_d 表示城市固定效应，ω_t 表示时间固定效应，$\mu_d t$ 是随机扰动项。主要解释变量 UIP_{dt} 表示城市 d 在 t 时期的失业保险未参保率，用城市常住人口减去失业保险参保人数再比城市常住人口得出。控制变量包括户籍人口率（HJR_{dt}）、国内生产总值增长速度（$GGDP_{dt}$）、每万人城镇登记失业人数（UNE_{dt}）、城市化水平（URB_{dt}）、城市人口密度（DEN_{dt}）、人均公共财政支出数量（PFE_{dt}）和教育水平（EDU_{dt}）。

2. 传导机制分析

$$PIN_{dt} = \beta_0 + \beta_1 UIR_{dt} + \beta_2 X_{dt} + \kappa_d + \phi_t + \eta_{dt}$$

$$CRM_{dt} = \theta_0 + \theta_1 UIR_{dt} \times PIN_{dt} + \theta_2 UIR_{dt} + \theta_3 Y_{dt} + \upsilon_d + \varepsilon_t + \sigma_{dt}$$

其中，被解释变量是人均可支配收入 PIN_{dt}，X_{dt} 是控制变量。$UIR_{dt} \times PIN_{dt}$ 是 UIR_{dt} 及其与 PIN_{dt} 的交乘项，我们重点关注失业保险未参保率与人均可支配收入交乘项的系数，如果失业保险未参保率与人均可支配收入交乘项的系数为正，就表明失业保险未参保率越高，通过影响人均可支配收入，而提高了犯罪率。Y_{dt} 是控制变量。

（三）对于低保救助制度减少犯罪效应的研究

采用 2011~2015 年中国 227 个城市的面板数据，然后使用固定效应模型（FE）、随机效应模型（RE）、空间滞后模型（SAR）、空间误差模型（SEM）和空间广义系统矩估计（$SGMM$）等多种计量方法对低保制度与犯罪率之间的关系及其传导机制进行考察。

1. 传统静态面板模型

$$CRM_{dt} = \beta_0 + \beta_1 LIQ_{dt} + \beta_2 X_{dt} + \lambda_d + \omega_t + \mu_{dt}$$

其中，被解释变量 CRM_{dt} 表示市 d 在 t 时期的刑事犯罪率，我们选用检察院起诉率作为犯罪率的替代指标，用城市检察院起诉人数比常住人口得出。主要解释变量 LIQ_{dt} 表示城市 d 在 t 时期的低保享受人数。ϕ_d 表示城市固定效应，φ_t 表示时间固定效应，α_0 至 α_{10} 是待估系数，η_{dt} 是随机扰动项。

控制变量 X_{dt} 包括人均可支配收入（PIN_{dt}）、贫富收入差距（GOW_{dt}）、常住人口数量（POP_{dt}）、GDP 增长速度（$GGDP_{dt}$）、城镇登记失业人数（UNE_{dt}）、城市化水平（URB_{dt}）、人口密度（DEN_{dt}）、公共财政支出数量（PFC_{dt}）、教育水平（EDU_{dt}）。

2. 空间动态面板模型

$$CRM_{dt} = \beta_0 + \beta_1 CRM_{d,\,t-1} + \rho WCRM_{dt} + \beta_2 LIQ_{dt} + \beta_3 PIN_{dt} + \beta_4 GOW_{dt} +$$

$$\beta_5 POP_{dt} + \beta_6 GGDP_{dt} + \beta_7 UNE_{dt} + \beta_8 URB_{dt} + \beta_9 DEN_{dt} + \beta_{10} PFC_{dt} + \beta_{11} EDU_{dt} + \lambda_d +$$

$$\omega_t + \mu_{dt}$$

其中，解释变量 $CRM_{d,t-1}$ 表示城市 d 在 $t-1$ 时期的犯罪率。其中，W 是空间权重矩阵，ρ 和 λ 分别是空间滞后项系数和空间误差项系数，反映了在地理空间上邻接区域对本区域犯罪率的空间溢出效应。

3. 传导机制分析

（1）低保的直接效应：可支配收入提高中介效应模型

$$CRM_{dt} = \theta_0 + \theta_1 LIQ_{dt} + \theta_0 X_{dt} + \delta_d + \lambda_t + \pi_{dt}$$

$$PIN_{dt} = \beta_0 + \beta_1 LIQ_{dt} + \beta_0 Y_{dt} + \chi_d + \kappa_t + \omega_{dt}$$

$$CRM_{dt} = \alpha_0 + \alpha_1 LIQ_{dt} + \alpha_2 PIN_{dt} + \alpha_3 X_{dt} + \phi_d + \varphi_t + \eta_{dt}$$

其中，X_{dt} 为其他相关控制变量包括贫富收入差距、常住人口数量、GDP 增速、城镇登记失业人数、城市化水平、人口密度、公共财政支出数量和教育水平。

其中，被解释变量是人均可支配收入，主要解释变量是低保享受人数，Y_{dt} 为其他相关控制变量包括 GDP 增速、城镇登记失业人数、城市化水平、公共财政支出数量和教育水平。

其中，被解释变量是刑事犯罪率，主要解释变量包括低保享受人数和人均可支配收入，X_{dt} 为其他相关控制变量。

（2）低保的间接效应：贫富差距缩小中介效应模型

$$CRM_{dt} = \theta_0 + \theta_1 LIQ_{dt} + \theta_0 X_{dt} + \delta_d + \lambda_t + \pi_{dt}$$

$$GOW_{dt} = \beta_0 + \beta_1 LIQ_{dt} + \beta_0 Y_{dt} + \chi_d + \kappa_t + \omega_{dt}$$

$$CRM_{dt} = \alpha_0 + \alpha_1 LIQ_{dt} + \alpha_2 GOW_{dt} + \alpha_3 X_{dt} + \phi_d + \varphi_t + \eta_{dt}$$

其中，总效应方程中被解释变量和主要解释变量与式（2）相同，X_{dt} 为其他相关控制变量包括人均可支配收入、常住人口数量、GDP 增速、城镇登记失业人数、城市化水平、人口密度、公共财政支出数量和教育水平，θ_0 至 θ_3 是待估系数。

其中，被解释变量是贫富收入差距，主要解释变量是低保享受人数，Y_{dt} 为其他相关控制变量包括人均可支配收入、GDP 增速、城镇登记失业人数、城市化水平、公共财政支出数量和教育水平。

其中，被解释变量是刑事犯罪率，主要解释变量包括低保享受人数和贫富差距，X_{dt} 为其他相关控制变量。

（四）对于新农合制度减少犯罪效应的研究

采用 2011-2015 年中国 227 个城市的面板数据，然后使用固定效应模型（FE）、随机效应模型（RE）、空间滞后模型（SAR）、空间误差模型（SEM）和空间广义系统矩估计（$SGMM$）等多种计量方法对新农合医保制度与犯罪率之间的关系及其传导机制进行考察。

1. 传统静态面板计量模型

$$CRM_{dt} = \beta_0 + \beta_1 MIQ_{dt} + \beta_2 PIN_{dt} + \beta_3 GOW_{dt} + \beta_4 PIP + \beta_5 POP_{dt} + \beta_6 GGDP_{dt} + \beta_7 UNE_{dt} + \beta_8 URB_{dt} + \beta_9 DEN_{dt} + \beta_{10} PFC_{dt} + \beta_{11} EDU_{dt} + \lambda_d + \omega_t + \mu_{dt}$$

其中，被解释变量 CRM_{dt} 表示市 d 在 t 时期的刑事犯罪率，我们选用检察院起诉率作为犯罪率的替代指标，用城市检察院起诉人数比常住人口得出。主要解释变量 MIQ_{dt} 表示城市 d 在 t 时期的参加新农合的人数。ϕ_d 表示城市固定效应，φ_t 表示时间固定效应，α_0 至 α_{10} 是待估系数，η_{dt} 是随机扰动项。

2. 空间动态面板模型

$$CRM_{dt} = \beta_0 + \beta_1 CRM_{d, t-1} + \rho WCRM_{dt} + \beta_2 MIQ_{dt} + \beta_3 PIN_{dt} + \beta_4 GOW_{dt} + \beta_5 POP_{dt} + \beta_6 GGDP_{dt} + \beta_7 UNE_{dt} + \beta_7 URB_{dt} + \beta_9 DEN_{dt} + \beta_{10} PFC_{dt} + \beta_{11} EDU_{dt} + \lambda_d + \omega_t + \mu_{dt}$$

其中，解释变量 $CRM_{d,t-1}$ 表示城市 d 在 $t-1$ 时期的犯罪率。

3. 新农合制度减少犯罪率的传导机制分析

（1）新农合与人均可支配收入

$$PIN_{dt} = \alpha_0 + \alpha_1 PIN_{d, t-1} + \rho W \cdot PIN_{dt} + \alpha_2 MIQ_{dt} + \alpha_3 Y_{dt} + \eta_d + \varphi_t + \kappa_{dt}$$

$$CRM_{dt} = \theta_0 + \theta_1 CRM_{d, t-1} + \rho W \cdot CRM_{dt} + \theta_2 MIQ_{dt} \times PIN_{dt} + \theta_3 MIQ_{dt} + \theta_4 X_{dt} + \pi_d + \omega_t + \mu_{dt}$$

其中，被解释变量是人均可支配收入 PIN_{dt}，Y_{dt} 是控制变量，主要包括 GDP 增速、城镇登记失业人数、城市化水平、公共财政支出数量和教育水平。在上面模型的基础上引入了新农合参保人数与人均可支配收入的交乘项 $MIQ_{dt} \times PIN_{dt}$。

（2）新农合与贫富差距

$$GOW_{dt} = \alpha_0 + \alpha_1 GOW_{d, t-1} + \rho W \cdot GOW_{dt} + \alpha_2 MIQ_{dt} + \alpha_3 Y_{dt} + \eta_d + \varphi_t + \kappa_{dt}$$

$$CRM_{dt} = \theta_0 + \theta_1 CRM_{d, t-1} + \rho W \cdot CRM_{dt} + \theta_2 MIQ_{dt} \times GOW_{dt} + \theta_3 MIQ_{dt} + \theta_4 X_{dt} +$$

$\pi_d + \omega_t + \mu_{dt}$

其中，被解释变量是贫富差距 GOW_{dt}，Y_{dt} 是控制变量，主要包括 GDP 增速、城镇登记失业人数、城市化水平、公共财政支出数量和教育水平。其中在上面模型的基础上引入了新农合参保人数与贫富差距的交乘项 $MIQ_{dt} \times GOW_{dt}$，我们重点关注的是 $MIQ_{dt} \times GOW_{dt}$ 的系数 θ_2，其可以帮助我们判断新农合参保人数是否通过影响贫富差距，进而影响了犯罪率。

第三节　创新之处

一、学术思想和学术观点创新

本书应用大样本数据对导致中国犯罪率提升和降低的关键因素从定性和定量两个方面做了较为系统和深入的考查：首先，系统考察了城市社会保障新二元结构对犯罪率的提升效应及其传导机制。其次，详细考察了中国低保制度及新农合制度减少犯罪率的效应及其理论机制。最后，通过提出详细、可行有效的消除城市二元结构和完善低保及新农合医保制度的战略思路，以从供给侧解决影响中国社会安全的犯罪问题。

二、研究方法创新

第一，分别从 3 个途径获得大样本数据，解决了数据的来源、准确性和代表性问题。第二，将大样本数据应用于本书的研究，解决了以往研究中的定性分析为主，数据缺乏，定量研究不足的问题，得出研究结果更加详细、准确和全面。第三，将经济学的计量分析方法综合运用本书的研究，研究方法更加丰富，研究结果更加详细、准确。最后，还采用了空间计量模型检验了考虑空间效应以后的影响系数。

第四节　研究框架

本书的总体研究框架用技术路线图表示如下页图：

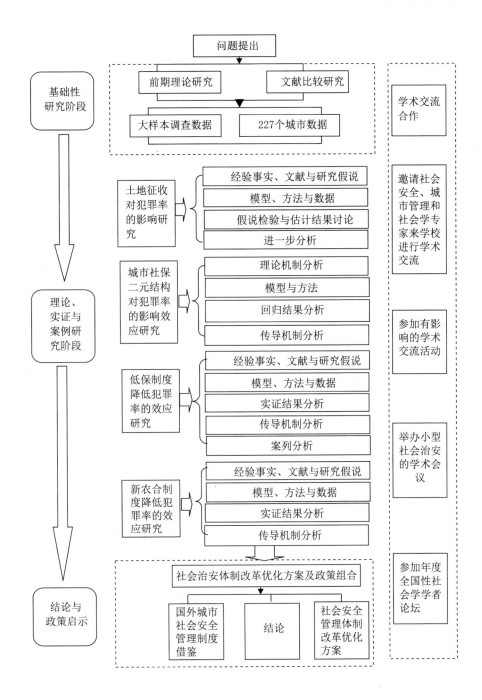

第五节 主要研究内容

本书梳理了中国城市社会保障新二元结构、低保制度和新农合医保制度的典型事实，构建了城市社会保障新二元结构如何提高了犯罪率以及低保制度和新农合医保制度如何降低了犯罪率的理论模型。并提出了城市社会保障新二元结构提高了犯罪率的研究假说，以及低保制度和新农合医保制度降低了贫困群体犯罪的概率，从而降低了中国犯罪率研究假说。然后搜集了 2011-2015 年中国 200 多个城市的面板数据，运用固定效应模型（FE）、随机效应模型（RE）、空间滞后模型（SAR）、空间误差模型（SEM）和空间广义系统矩估计（SGMM）等多种计量方法对研究假说进行验证，并进一步验证了城市社会保障新二元结构提高了犯罪率以及低保制度和新农合医保制度降低了犯罪率的传导机制。本书主要研究内容如下：

第一章，首先简述了本书研究意义，接着介绍本书的研究方法和创新之处，然后梳理了研究框架。

第二章，首先对二元结构及社会安全进行了界定，接着对犯罪的一般理论和公共安全治理理论进行阐述。

第三章，对文献进行比较研究，并予以评述。

第四章，探索土地征收对犯罪率的影响的现实意义。搜集整理了 2011-2015 年中国 238 个城市的面板数据，运用 OLS 和 2SLS 对土地征收与犯罪率之间的关系进行考察。

第五章，探索城市社会保障二元结构对犯罪率的影响的现实意义。搜集整理了 2011-2015 年中国 200 多个城市的面板数据，运用空间滞后模型（SAR）、空间误差模型（SEM）和空间广义矩估计（GMM）对城市社会保障新二元结构与犯罪率之间的关系进行考察。

第六章，梳理了中国低保制度的典型事实，并提出了低保制度降低了贫困群体犯罪的概率，从而降低了中国犯罪率研究假说。然后搜集了全国 227 个城市从 2011-2015 年共 5 年的面板数据，运用空间滞后模型（SAR）、空间误差模型（SEM）和空间广义系统矩估计（SGMM）等多种计量方法对研究说进行验证。

第七章，梳理了中国新农合医保制度的典型事实，并提出了新农合医保制度降低了贫困群体犯罪的概率，从而降低了中国犯罪率研究假说。然后运用固定效应模型（FE）、随机效应模型（RE）、空间滞后模型（SAR）、空间误差模型（SEM）和空间广义系统矩估计（SGMM）等多种计量方法对研究说进行验证，并进一步验证了可支配收入过低导致的贫困问题和贫富差距是新农合医保制度影响犯罪率的中介变量。

第八章，主要介绍了美日欧发达国家社会安全治理制度，然后对其进行分析，并提出了我们能从中得到的启示和借鉴。

第九章，首先概括了本书的结论，接着提出了中国社会安全治理制度供给侧改革优化方案的具体设计，最后是指出了本书的不足之处及以后的进一步研究方向。

基础理论

本部分首先对二元结构及新二元结构和社会安全这几个基本的概念进行界定，然后简述了犯罪的一般理论和公共安全治理理论，接着从新二元结构与社会安全关系、社会保障体系与社会安全关系和中国城市社会安全管理改革三方面进行了文献比较研究，最后叙述了十九大和二十大报告中关于提升与创新社会治理的论述，以此作为本书行文立论的基础。

第一节　概念界定

一、城乡二元制度

1958 年 1 月颁布的《中华人民共和国户口登记条例》明确将城乡居民区分为农业户口和非农业户口两种不同户籍，从 1961 年开始，中国对国民经济计划进行调整，同时加强收紧了城镇户籍管理制度，从此，城乡分割的二元户籍制度把中国民众分为壁垒森严的城市户籍居民和农村户籍居民。1953 年中共中央颁布了《关于发展农业生产合作社的决议》，逐步把中国农村户籍居民所拥有农村个体私有土地改造成为农村集体所有制（刘广栋、程久苗，2007）。1982 年《中华人民共和国宪法》第十条规定，城市土地属于国家所有，除法律规定属于国家所有以外的农村和城市郊区的土地属于集体所有，中国以宪法形式确认了农村土地的集体所有制和城市土地的国有制的二元土地制度（刘守英，2014）。改革开放后，同一城市内部的居民户籍分割逐步松动淡化，同一城市的农村户籍居民在满足规定的条件下可以申请转为城市户籍居民。但是农村集体所有制土地和城市国有制土地构成的土地二元制度没有任何改变，农民对土地仍然只有使用权和收益权，没有处分权和所有权，这种农村土地所有制结构导致农村集体所有制土地真正所有者缺位，造成农村土地的真正处分权被村干部和地方政府控制。同时 1998 年《中华人民共和国土地管理法》修订案规定，市县政府是土地征收的实施主体和土地一级市场的唯一供地主体（王克稳，2016）。城乡土地二元制度及其配套的征地制度导致地方政府垄断了农村集体土地转化为城市建设用地的途径，并占有了绝大部分农村用地向城市建设用地转化过程中的增值收益，因此造成了越演越烈的征地运动。从以上分析可以看出，目前同一城市内部，城乡二元制度的核心问题是城乡土地二元制度及其配套的征地制度。

二、城市二元结构

在传统体制下，中国城乡在社会经济形成了二元结构。发展中国家一般存在着由传统农业部门和现代工商业构成的二元经济结构，由于两部门工资差异，诱使农业剩余人口向城市工业部门转移，发展的目标是通过劳动力持续再配置消除劳动力过剩；这需要两个部门共同进行投资和革新，才能实现平衡增长，直到挤出农业中全部隐性失业者（费景汉、拉尼斯，2004）。

目前，城市非户籍人口中，农民工占了绝大多数；农民身份转化滞后于农民就业转移，导致原有未解决或破解的城乡二元结构进一步向城市延伸，形成新的"二元结构"问题，农民身份转化滞后于农民就业转移，或者说是农民市民化滞后于农民非农化，使得"外来农民工"[1]及其家属不能与城市户籍从业人员及其家属享有同等的就业、就医、就学、住房、社会管理以及社会保障等权利和待遇，所以，两者之间的差距无法从根本上消除，继而在城市内部演化成户籍人口和非户籍人口差别的"二元结构"（顾海英等，2011）。因为现在绝大多数大城市的户籍落户制度及就学、就业、住房、医疗、失业救济等权利与社会保障挂钩，[2]因此，新二元结构的核心内容是社

---

〔1〕 外来农民工是指外来流动人口中满足以下条件人口：（1）具有农业户口的外来人口；（2）年龄为 16 周岁及以上的在业人口或劳动年龄段内的失业人口。根据国家统计局上海调查总队推算，上海外来农民工占 85% 以上。

〔2〕 上海规定，从 2016 年 4 月 5 日起非户籍人口累计交满 5 年社保是在上海购房的前提条件；持有《上海市居住证》累计满 7 年，及持证期间按规定参加本市城镇职工社会保险，正常缴费累计满 7 年，以及取得中级及以上专业技术职务任职资格或技师等条件，就可居转户。

会保障问题。

三、社会安全

社会安全有广义和狭义之分。广义的社会安全是指整个社会系统能够保持良性运行和协调发展，其主要受两个方面因素的影响：一是环境因素，二是系统内部因素。环境因素又包括自然环境因素和社会环境因素，广义的社会安全的定义与公共安全的定义接近。对狭义的社会安全有两种理解。一种理解是把社会安全等同于社会保障体系的建立，如果社会弱势群体的基本权益得不到有效保障，将会对社会稳定构成威胁。另一种的理解认为社会安全指的是除经济子系统与政治子系统之外其他社会领域的安全（郑杭生、洪大用，2004）。狭义的社会安全是公共安全的一个分支，本书主要是从狭义方面对社会安全进行定义和研究的。

第二节　犯罪的一般理论研究

犯罪理论中社会环境决定论指出政治经济因素以及由此衍生的社会制度所决定的社会世界为界面来发现犯罪现象的原因（曾赟，2009）。菲利 Enrico Ferri（1996）的犯罪原因三元论指出犯罪都是由人类学因素、自然因素和社会因素相互作用形成的，而社会因素是犯罪产生的最重要原因。美国经济学家加里·斯坦利·贝克尔（Gary Stanley Becker）在其犯罪经济学中，将犯罪问题视为时间最优配置问题，决策者在预期的犯罪收益与花费成本、惩罚成本之间进行权衡并抉择。从机会成本角度出发，对于低收入者来说，犯罪意味着相对较低的犯罪机会成本与较高的非法活动收益（史晋川、吴兴杰，2010）。

而仇恨犯罪理论则将犯罪产生的社会因素又向前推进了一步。仇恨犯罪现象从产生之源上来说更多应归因于社会转型所引起的社会阶层结构的不断变动与贫富分化的不断加剧，不同的利益群体代表不同的阶层，由于群体之间利益内容不同则必然引发冲突与矛盾，各群体间的矛盾激化促使仇恨犯罪的发生。

朱迪斯·布劳（Judith Blau）和彼得·布劳（Peter Blau）提出相对剥夺理论来解释犯罪（史晋川、吴兴杰，2010）。Judith 和 Peter（1982）提出的相对剥夺理论则从另一个视角进一步诠释了犯罪产生的社会因素，该理论指出，那些由于其种族或阶级而感觉受到了剥夺的下层社会成员以及那些与富人一起居住在城市地区的下层阶级成员，容易产生不公平感和不满意感，穷人逐渐变得不信任这个阻碍他们合法获得成功的社会，不断的挫折会引起穷人群体的攻击性和敌意，最终导致他们的暴力行为甚至犯罪。另外，集体性的社会不公感与收入不平等直接相关，这种社会不公感容易在穷人与富人相互邻近生活的社区中产生，会导致社会处于解组状态和愤怒状态，受到相对剥夺的人们会无意识地被激怒，并通过实施犯罪行为来发泄他们的敌意。

美国心理学家罗森茨韦克最先提出的挫折-攻击理论又进一步分析了弱势群体犯罪的社会因素，他指出挫折容易引起攻击欲望和攻击行为，从而会导致大量犯罪，特别是引发暴力犯罪（许章润，2013）。在此基础上，社会心理学家 Dollard 和 Miller（1939）又对挫折-攻击理论进一步发展，他们认为攻击性行为的发生总是以挫折的存在作为基础条件，在某些条件下可能会导致某种形式的攻击行为。挫折的这种作用可以在广泛的社会关系中充分体现出来，如当经济萧条、失业之后，就容易产生个体的挫折心理，当人们找不到工作生活的各方面受到限制时，各种形式的攻击行为就会出现（李欣，2014）。另外，人的需要和欲求不能获得满足时就会产生挫折感，面对挫折产生的外发性反应形式，就是典型的刺激-反应型暴力犯罪，主体的需要和欲求越强，其攻击程度往往越强。因此在现实社会中，一些人因在就业、征地拆迁和医疗等过程中遭受挫折，便迁怒于社会，在厌世轻生之时，痛恨使其陷入绝境的社会，因而采取报复社会的极端行为（董士昙，2011）。

冲突学派把社会制度不公导致的经济资源分配和经济阶层间的不平等作为社会秩序冲突的来源（陈鹏忠，2009）。美国社会学家和犯罪学家 Sellin 提出的文化冲突理论则从不同文化冲突的角度分析了城市外来人口的犯罪问题。该理论认为作为文明生长过程的一种副产品，社会中必然存在文化冲突，这种文化冲突是不同社会价值、利益规范和文化准则的冲突，因而文化冲突易造成个人行为规范的矛盾和社会的不稳定，所以文化冲突是犯罪发生的原因之一（单勇、侯银萍，2008）。

"美国现代犯罪社会学之父"的萨瑟兰（Eduin Hardin Sutherland）提出的优势犯罪理论则从强势者犯罪的角度分析了犯罪的发生。按照优势犯罪的理论分析，社会资源分配关系的优势地位是广义的概念，它体现在各个不同的层面上，如制度关系、权力关系、财富关系、伦理关系和信息关系等层面。根据这些基础关系的不同，资源优势的滥用也相应地表现为五种不同形态：一是制权优势，二是职权优势，三是融资优势，四是关联优势，五是心理优势（白建军，2000）。

第三节　公共安全治理理论研究

所谓公共安全是指公共领域的基本价值、基本规范以及基本利益等未受到威胁、从而能够沿着公共生活的固有逻辑或者人们的预期正常前进的状态，城市公共安全即城市范围之内的公共安全（赵汗青，2008）；广义的城市公共安全涵盖资源、环境与安全，可以划分为生产安全、城市环境安全和城市公共卫生及食品安全等传统和非传统安全（沈国明，2008）。20世纪60年代德国社会学家达伦多夫从应得权利和供给失衡的角度论述了社会冲突的产生；从社会因素角度提出了家庭、人口、阶层、权力关系、教育和经济五种社会冲突的领域，为学界研究社会安全事件的类型提供了一个新视角（Steven vago，2007）。在传统观点看来，政府可借助其强制力量、组织优势、制度行为等输出公共安全这一公共产品，而且这种公共产品必须由政府负责（赵汗青、柏维春，2010）。即使小政府思想的推崇者亚当·斯密（1994）也认为，其一政府要保护本国社会的安全，使之不受其他独立社会的暴行与侵略；其二政府为保护社会中任何人受其他人的欺侮和压迫，要设立一个严正的司法行政机构；其三政府要建立并维持某些公共机关和公共工程。然而，也有的学者持有不同观点，提出社会安全具有预防性的特征，认为对社会安全的预防管理更能激发公民参与和社会活力（Mckinnon，2010）。

到20世纪70年代，因为长期推行凯恩斯主义政策，欧美政府遭遇到严峻的财政危机、管理危机和信任危机，以公共治理理论为代表的新公共管理运动随之兴起；试图提供一种能同时克服市场失灵与政府失灵的公共管理模式。治理理论的主要创始人之一罗西瑙（2001）将治理定义为一系列活动领域里的管理机制，它们虽未得到正式授权，却能有效发挥作用；与统治不同，治理是一种由共同的目标支持的活动，这些管理活动的主体未必是政府，也无须依靠国家的强制力量来实现。治理理论的五个主要观点可以概括为：（1）治理意味着一系列来自政府但又不限于政府的社会公共机构和行为者，它认为政府并不是国家唯一的权力中心，各种公共的和私人的机构只要其行使的权力得到了公众的认可就都可能成为在各个不同层面上的权力中心；（2）治理意味着在为社会和经济问题寻求解决方案的过程中存在着界限和责任方面的模糊性，它表明在现代社会国家正在把原先由它独自承担的责任转移给公民社会，这样社会主体之间的界限和责任便日益变得模糊不清；（3）治理明确肯定了在涉及集体行为的各个社会公共机构之间存在着权力依赖，致力于集体行动的组织必须依靠其他组织，为达到目的各个组织必须交换资源、谈判共同的目标；（4）治理意味着参与者最终将形成一个自主的网络，这一自主的网络在某个特定的领域中拥有发号施令的权威，它与政府在特定的领域中进行合作，分担政府的行政管理责任；（5）治理意味着办好事情的能力并不仅限于政府的权力，在公共事务的管理中还存在着其他的管理方法和技术，政府有责任使用这些新的方法和技术来更好地对公共事务进行控制和引导（格里·斯托克，1999）。奥斯特罗姆（2000）进一步发展了自主治理理论，从而在企业理论和国家理论的基础上进一步发展了集体行动的理论，自主治理理论所描述的是一群有着强烈个人主体意识和自治愿望的理性人通过自主合作的制度安排实现集体利益的优化。

因此，治理理论所描绘的管理模式恰好对应着城市公共安全的有限管理性，为中国城市公共安全的实现提供了一种全新的理念：（1）城市公共安全是涉及全社会的复杂系统工程，它的实现有赖于全社会的共同努力，而不仅仅是政府组织，其他公共机构或私人机构以及市民个人均需发挥各自力量；（2）治理主体的复合性伴随着责任的交叉性和模糊性，但有效的公共安全治理需明确政府在其中应当履行的责任；（3）在促进城市公共安全的努力中各主体之间存在着高强度的资源、权力依赖关系，各方之间的资源共享、有效沟通是关键，需要创建协调平台、协调机制和有协调能力的主体；（4）在互动过程中各方主体形成和促进了城市公共安全的综合治理网络，该网络可以政府为中心，以公私合作机制避免网络漏洞；（5）在促进城市公共安全的努力中，既要借助政府的公共管理技术优势，同时也要借助私人部门和市民社会独有的优势（赵汗青、柏维春，2010）。

文献比较研究

第一节 土地资源安全与社会安全问题研究

一、土地资源安全问题研究

目前现有文献从以下方面对中国土地资源安全问题进行了深入探讨分析。（1）我国城乡土地资源配置存在二元方式。我国城乡土地资源配置二元方式是指城市国有土地的市场化配置和农村集体所有土地的行政化配置。城乡土地资源配置二元方式对中国土地资源安全带来一系列问题（肖毅敏，2015）。（2）土地资源产权交易存在腐败风险。我国的土地资源在城市化快速发展的过程中稀缺性日益凸显，其产权交易过程蕴含腐败风险（杜函芮、过勇，2019）。（3）地方政府软化土地管理规定致使耕地保护陷入土地管理困境。尽管中央政府通过控制权分配，建立激励约束机制，规范地方政府的用地行为，以期达到保护耕地的目标，但在实践中某些地方政府通过各种变通形式敷衍、软化土地管理的各项规定（蔡继明、李蒙蒙，2022）。（4）城乡土地增减挂钩政策下的非保守式合村并居工程带来风险与矛盾。在挂钩政策推动下宅基地转化为建设用地后，使用经营主体发生转移，对土地具有较强控制权的主体很容易利用手中权力强行改变土地利益分配格局，造成了农村居民合法权益受损，由此造成一系列矛盾冲突（李增元、张兴佳，2021）。（5）土地过度资本化损害实体经济发展。程建等（2022）基于中国工业企业微观数据实证考察了中国当前土地过度资本化风险。

针对中国土地资源存在的以上问题与风险，现有文献提出了一系列应对措施。（1）划定土地资源红线。土地资源红线的内涵包括土地资源总量控制和土地环境质量维护。构建完备的土地资源红线制度体系，主要包括土地资源规划制度、土地分类管理制度、耕地利用制度和耕地资源保护制度。中国划定土地资源红线是为了实现土地资源的节约利用而设定的土地资源总量和土地资源利用效率的控制目标。划定土地资源红线的价值在于为土地资源利用设置限值，维持土地生态价值（杨治坤、吴贤静，2017）。（2）加快推进确权登记、还权赋能和准入退出机制。从产权基础来看，中国土地产权的明晰性、完整性、稳定性均面临挑战，要加快推进确权登记、还权赋能并建立准入退出机制；从流转路径来看，健全机制、划清政府与市场的作用边界、识别和化解各类风险有利于土地要素流转顺畅、土地市场高效管控和防范冲击；从收益分配来看，要遵循权利均等、时空均衡、权责统一的原则，改进土地收益初次分配和再次分配，建立健全监督问责机制。因此，应当顺势而为、因地制宜，以夯实产权基础、优化流转路径、改进收益分配为主要抓手推动土地要素市场化改革，从而促进高质量发展和共同富裕（王庆日等，2021）。（3）构建土地约谈制度。刘佳、彭佳（2022）基于2004-2016年中国281个地级市面板数据，分析土地约谈对地方政府土地财政的长短期影响效应。研究发现，土地约谈对土地财政绝对规模没有影响，但对土地财政相对增速具有显著抑制作用，能有效缓解土地财政不断扩张；土地约谈在中部地区和经济水平较低城市具有显著约束作用，而对东西部地区及经济水平较高城市没有影响。因此，深化土地约谈制度，强化问责刚性约束；提升信息公开程度，搭建多渠道监管平台；实施差异化约谈，精准土地约谈的效果。

二、土地征收问题研究

（一）土地征收存在问题研究

作为政府取得新增建设用地的方式，经营性土地征收构成我国集体土地征收的重要方面。长期以来，虽然要求改革经营性土地征收制度的呼声不断，但实践中经营性土地征收的范围非但没有逐步缩小，反而呈不断扩张之势，最终覆盖了整个经营性建设用地市场（王克稳，2019）。中国土地征收程序制度整体上强调管理、注重效率，政府主导各个程序环节，被征收人主体地位不被重视，表现出浓厚的管理主义色彩（陈怡竹，2020）。目前，这种土地征收方式带来了以下一系列问题。

1. 新《土地管理法》存在的问题

现有文献提出新《土地管理法》存在以下一系列问题：（1）集体土地征收补偿费的具体支付对象和安置方式规定不明确。农村土地改革是农村土地产权分配和流转方式的重大重构，必然会对以产权为基础的集体土地征收制度产生重大影响。但《土地管理法》及其实施条例对于改革后集体土地征收过程中各种补偿费的具体支付对象和安置方式却没有做出明确规定。这种土地征收改革必将导致集体土地物权体系的变化，并对补偿安置方式和补偿安置内容产生影响（阎巍，2022）。（2）土地征收成片开发制度尚不完善。新《土地管理法》第45条第5款确立的土地征收成片开发制度，一定程度上消减了学界对土地成片开发的质疑，但其并未解决成片开发制度的适用和规范难题。现有制度设计对土地成片开发的控制性不足，成片开发中的非公共利益存在使成片开发功能发生异化偏移的风险（华子岩，2022）。另外，成片开发中的公共利益强度较弱，且有被滥用之风险（黄忠，2020）。（3）公私利益平衡的问题。《土地管理法》修订后，征地中的公私利益平衡和相关的救济程序成为热议话题。征地往往伴随着公共利益和商业利益的交织，如何判定公共利益的存在是征地的前提条件。如何建立公平合理补偿的标准和公平的征地程序则是平衡公私利益的法治保障手段。另外，如何界定征地中的法律主体则是如何分配征地利益的关键因素（吴越等，2020）。

2. 土地征收所引发被征地农户的养老风险和福利问题显现

现有文献提出土地征收所引发被征地农户的养老风险和福利问题显现：（1）土地征收所引发的人地分离使养老风险不断被显化，而随着我国人口老龄化程度的不断加深，在社会养老保障体系不完善的情况下，被征地农民的养老问题将更加严峻。通过2013年中国家庭金融调查数据研究发现，相对未被征地的农户，被征地农户在养老模式的选择上更加综合，但更依赖于社会养老保险。在家庭保险决策上，被征地家庭的风险和保险意识更强，配置商业保险意愿也显著高于未被征地的家庭；同时户主的风险偏好是被征地家庭对保险购买的影响渠道之一（胡雅倩，2021）。（2）胡清华等（2019）运用阿马蒂亚·森的可行能力理论，利用模糊综合评价办法评测农村土地征收前后湖南省不同经济发展程度区域被征地农户福利状况变动，并实证分析影响被征地农户福利变动的因素。研究发现，土地征收完成后被征地农户福利状况有所改善，但不同区域存在显著差异；土地征收完成后被征地农户福利水平变异系数增大，农户个体福利分化明显。因此，提升被征地农户福利水平，减少被征地农户福利水平变动的差异性，需要从完善被征地农户的社会保障程度、完善农村土地征收补偿模式和完善配套基础设施等方面入手。（4）然而，也有学者提出征地也改善了农户整体福利。被征地家庭人均可支配收入、人均消费支出、人均工资性收入均得到显著提高，尤其以中等收入、消费组农户的收入、消费提升得最为显著。鉴于增加的消费主要是生存性消费，征地对农户的幸福感和自评健康的影响微弱（汪险生等，2019）。

3. 以消耗土地资源为主的城市化、工业化发展模式不具有可持续性

现有文献提出以消耗土地资源为主的发展模式不具有可持续性：（1）除了土地资源的计划配置体制外，地方政府对土地财政的高度依赖以及现行立法给地方政府的征地和卖地留下的制度空间也是两个重要的因素。但土地资源的有限性、稀缺性决定了以经营性征地为基础建立起来的国家垄断经营建设用地以及以消耗土地资源为主的城市化、工业化发展模式不具有可持续性（王克稳，2019）。（2）征地后有2%的劳动力处于失业、待业状态，多数被征地农民都会在本地继续从事农业或者有工资性收入的工作，也有一部分在本地从事非农经营或者外出务工。另外，研究发现，征地推动了农民就业转换。征地后农户配置在农业上的劳动力显著下降，从农业上退出来的劳动力主要转换到本地非农就业上。同时从统计显著性来看，农户失业、待业的可能性，家庭失业、待业率也因征地而提升（汪险生等，2019）。

（二）土地征收问题的应对措施研究

针对中国土地征收过程中存在的以上问题与风险，现有文献提出了以下一系列应对措施。

1. 改革管理主义型土地征收制度

现有文献提出改革管理主义型土地征收制度：（1）管理主义型土地征收程序制度已不适应当代社会发展需求，应努力构建协商合作型土地征收程序制度，需要在土地征收各个环节加强被征收人主体地位、信息公开、协商沟通、说明理由、权利救济等制度建设，才能更好地实现土地征收中的公平正义（陈怡竹，2020）。（2）土地征收决策要充分吸纳公众参与，利害关系人和其他公众的参与程度应当不同；目前我国土地征收中的公众参与不足主要

体现在未能充分听取公众意见和进行专家论证，听证方式适用范围狭窄及具体规定不明确，成片土地征收中的协商内容局限，以及社会稳定风险评估中的公众参与方式不明确。因此，我国土地征收公众参与机制完善的重点是充分听取公众意见，加强专家论证，加强听证方式的作用并进一步明确规定，将协商方式扩展应用到成片土地征收中的补偿安置决策，并在社会稳定风险评估中建立明确的公众参与制度（陈雪、吕少德，2022）。（3）改革经营性征地制度，几乎是一致的认识。而改革的目标和方向就是政府退出经营性土地征收，让土地征收回归公共利益需要，并拆除横亘在城市与农村之间、国有土地与集体土地之间的藩篱，实现国土空间资源的一体化配置和国有土地使用权与集体土地使用权的平等竞争出让，让市场在土地资源配置中发挥作用。回归公益性土地征收，除了需要打破现行的建设用地计划配置体制外，在法律上需要解决的难题包括公益性土地征收与城市土地国有之间的冲突、土地征收中公共利益的界定、已入城集体土地的出路等（王克稳，2019）。（4）土地征收补偿标准的变革是我国土地征收制度改革的重点，通过实证分析发现，产值倍数法除却北京、上海、浙江等发达地区以及西藏、青海等年产值较低的地区之外，基本能使当地农民生活水平不降低，长远生计有保障，但与高昂的土地出让金相比，失地农民产生了极大的心理落差（方涧，2019）。

2. 对土地成片开发进行风险控制

现有文献提出对土地成片开发进行风险控制：（1）应从内容、过程及结果三个维度对土地成片开发进行风险控制：内容控制上，应建立成片开发公共利益的动态认定机制；过程控制上，在保证公众参与权利的同时，应将公众参与限定在初次决策过程之中；结果控制上，应畅通当事人的救济渠道，当事人可通过质疑、行政复议以及行政诉讼等方式寻求救济（华子岩，2022）。（2）预防成片开发下的征收风险，既需规划和审批的事前内部控制，又应强化民主参与和司法审查等外部监督，更要围绕公共产品、地利共享的目标制定实体规范，即要求政府在成片开发中提供优质公共产品，为人的市民化提供物质基础，并设置议价购买的前置程序，引入留地安置的补偿方式，改革出让金的收支制度，以为城乡融合、地利共享提供制度保障（黄忠，2020）。

3. 化解征地矛盾

现有文献提出以下措施化解征地矛盾：（1）土地征收包含着对土地增值的重新分配，征地制度设置及其执行方式影响征地过程，有可能引致征地矛盾。化解征地矛盾的关键是农民组织起来表达其合理诉求，解决国家与分散农民谈判成本过高问题。征地制度改革必须坚持土地的社会主义公有制框架，要避免土地财产化改革，构建集体土地所有权行使机制；区别不同地区的征地矛盾，坚持征地制度稳定性，保障农民合法权益并引导农民形成合理的利益预期（桂华，2021）。（2）农民更关注征地过程中结果正义，诉求集中于货币性补偿及社会保障与安置。因此，征地制度改革应当持续在结果正义上发力，但也应当注意程序正义以回应农民逐渐觉醒的权利意识。同时，征地政策的制定应力求因时、因地制宜（卢圣华等，2020）。（3）明确土地征收中被征收人参与的意义与功能，构建被征收人有效参与的制度框架，促进土地征收活动的顺利展开和实现土地征收中的公平正义。另外，被征收人有效参与是土地征收制度的重要组成部分，而当前的土地征收程序属于行政主导型模式，被征收人的参与局限于表面、浅层次参与，很难对征收行为施加积极、有效影响。因此，应在正当法律程序理念指引下，着重完善信息公开、协商讨论、及时反馈等参与制度，才能更好确保被征收人的有效参与（陈怡竹，2019）。

三、土地与社会安全关系研究

（一）征地对社会安全的影响及原因研究

1. 土地征收补偿制度具有计划经济与行政强制性

伴随着城市化进程的加快推进，我国城市人口与城市规模呈现快速增长态势，对于土地的征用需求急剧扩大。近年来国家征收了大量农村集体土地，但是当前土地征收补偿制度具有计划经济的烙印，引发了一系列问题，与现在的市场经济发展产生冲突与失调，也不符合构建法治政府的本质要求，土地征收补偿的不公与缺陷更是当前引发群体事件的根源，破坏了经济的稳定发展和社会的长治久安（薛冰，2017）。

2. 土地利益分配失衡

土地征收引发当代中国巨大社会矛盾的根本原因在于利益分配失衡，同时，造成利益分配失衡的根本原因又在于保障利益分配的制度和机制的不完善（程晓波，2016）。土地征收涉及巨大的利益调整，实践中产生大量的问题，按照产生缘由的不同，可以将它们划分为生计型问题、分配型问题和治理型问题。为此，地方政府在土地征收过程中进行了针对性的探索，诸如为失地农民购买养老保险，充分发挥村民自治的功能，购买拆迁公司的社会化服务等，这些措施较好地化解了土地征收中出现的问题，但也还存在诸多需要继续完善的地方（余彪，2015）。

3. 土地征收方式不合理

在我国城市化加速和征地规模扩大的进程中，出现了农村征地纠纷的不和谐之音，影响了农村稳定和社会安全。在考察了征地纠纷的成因后，发现征地制度—结构的不合理是纠纷产生的制度根源，相关征地政策的执行偏差则是纠纷产生的直接原因（刘春湘等，2019）。另外，在当前的农村土地征收领域，一些地方政府采用行政包干的方式将其中的各种复杂事务承包给村委会来完成。通过权力和责任的双重下放，地方政府得以避免与农民发生直接的冲突和对抗，农民的不满对象主要是村委会，土地征收中的矛盾就更多地发生在村庄内部。而且，从性质上看农村土地征收矛盾在发生之初更多的是围绕着补偿物的价格核定，不一定具有对抗性。在行政包干的制度限制下，由于陷入了与各自村委会就补偿物价格核算的争议之中，农民无法形成相对一致的行动目标，以致更大范围的集体行动难以发生。

（二）化解征地对社会安全影响的路径研究

征地冲突对社会和谐与稳定有极大的负面影响，因此，如何减少和化解征地冲突是学界关注的重点，也是基层治理面临的重大挑战。

1. 完善征地制度、纠纷解决机制和基层治理

在土地征收中，随着经济的发展应不断提高征地拆迁补偿标准和完善补偿方式；同时，基层政府应加强征地拆迁中的治理合法性和治理能力建设（余彪，2015）。政府要进一步完善征地制度，保障政策威信；另一方面，也需重视情境性与动态性，灵活实施具体策略，科学组合治理工具。通过双向着力，真正做到依法行政，实现更有效的基层治理以解决征地冲突问题（连宏萍、陈晓兰，2021）。另外，征地纠纷的复杂性和动态性决定了单一的治理手段难以奏效，需要综合运用各种措施构建系统化、法律化、多元化的纠纷

解决机制。完善征地纠纷解决机制，首先需集中立法，从公共利益的界限、征地程序和征地补偿三方面完善土地征收制度，其次则需构建协商+裁决+行政复议+司法救济的多元权利救济体系，同时也应建立健全监督机制来约束征地政策执行（刘春湘等，2019）。此外，减少征地社会矛盾的根本在于遵循从利益失衡到利益均衡的逻辑，重构基于利益均衡的土地征收制度和机制。在静态意义上，要通过完善制度来规范地方政府和失地农民这两个主体的利益行为，并保障其利益所得。在动态意义上，要通过创新土地征收机制，促使各利益主体平等地参与到土地征收过程中，从而实现利益在不同主体间的均衡分配（程晓波，2016）。

2. 打破国家垄断建设用地的供地模式

要缩小征地范围，将征地限缩在公共利益需要的范围内，必须首先打破先征收、再出让的国家垄断建设用地的供地模式，建立公益性建设用地与经营性建设用地相分离的建设用地供应制度。现行的集体土地征收以集体土地公有为逻辑起点，以国家利益至上为中心，以公权力为主导，制度设计上反映了公权的至上与私权的虚化。要平衡土地征收中的公益与私益，必须打破失衡的公权与私权配置机制，明确被征收人及其在土地征收中的基本权利，并为权利的行使提供充分有效的救济与保障（王克稳，2016）。

3. 构建利益协商谈判机制

农民由于对征地补偿不满而与地方政府产生冲突，程玉龙、柳瑞禹（2016）以此为前提构造两者之间的演化博弈模型，研究说明如何达到理想的演化稳定策略解决征地冲突。通过博弈分析表明，对利益冲突的解决需要通过利益协商而非强制手段；博弈的关键在于地方政府如何根据被征地农民争取征地补偿的成本和对补偿的预期来确定合理的征地补偿增量；相对于农民争取征地补偿的成本而言，较高的征地补偿增量并不能解决利益冲突问题，很有可能适得其反，征地补偿增量接近或稍低才有可能达到理想的演化稳定结果。建议在土地征收中，地方政府应积极与农民沟通协商，拓宽农民的申诉渠道，充分了解农民的利益诉求；制定科学合理的土地补偿计算方法，公平分配征地收益。此外，汪晖、陈箫（2015）基于2009年全国12个城市征地大样本抽样调查数据，对征地谈判对征地补偿的影响进行分析。研究发现，只要存在谈判，被征地农户实际获得的征地补偿就高于当地政府制定的征地补偿标准；从边际上看，存在谈判将使征地补偿水平高出当地政府制订的补偿标准的概率提高 37.2%。因此，在征地制度改革过程中，就征地程序的某些环节做一定的改进，比如增加协商谈判的环节，不仅是可行的，对被征地农民也是有利的。

第二节　二元结构与社会安全关系研究

一、二元结构问题研究

（一）城乡二元结构研究

改革开放 40 多年，我国经历了史无前例的人口城镇化过程，城乡互动联系显著增强，城乡融合发展取得了显著成效，为我国经济实现持续快速增长和城乡居民生活持续改善做出了极为重要的贡献。但由于历史欠账过多、基础薄弱，现阶段我国城乡发展不平衡不协调的矛盾依然突出。破除城乡二元结构，加快建立城乡融合发展体制机制和政策体系的任务尤为迫切（韩俊，2018）。

改革开放后，国家不断推进城乡协调发展，居村农民和进城农民生存状况明显改善，但由于针对城乡二元结构的制度改革存在公共性缺失，制度的非帕累托改进未能消解城乡二元结构。由于城乡二元结构偏离公共性本质，对城镇化、现代化发展的消极影响更大，必须终结城乡二元结构。城乡二元结构向城乡一体化结构转换离不开城乡一体化公共性支持，需要从城乡对接、城乡统一、城乡均衡、城乡共同理性等方面进行建构（吴业苗，2018）。另外，城乡二元结构加剧了贫困，需要向一元经济过渡，消除计划经济思维，走中国特色城市化道路。发展中国家大多存在传统农业和现代工业两个部门，这两个部门在生产、生活、收入、规模、效率、性质、方式等都存在差异。城乡一体化要平衡公共服务资源，建立城乡联动发展机制，让利益共享，既发挥城市辐射能力，又要对农村进行扶持，提高农村基础设施和公共服务能力，统筹城乡社区建设，推动资源和基础设施向农村转移，推动教育、医疗、通信、生态等基础设施建设，城乡政府合理分工，努力缩小城乡居民收入差距（孙全胜，2018）。

（二）城市二元结构研究

改革开放后，在快速的城镇化过程中，传统的城乡二元结构并没有打破，在中国城市内部仍然存在土地和社会保障等社会经济方面的二元结构。目前，中国社会正处于快速的转型阶段，不但传统的城乡二元结构没有打破，农民身份转化滞后于农民就业转移，导致原有未解决或破解的城乡二元结构进一步向城市延伸，形成新二元结构问题（顾海英等，2011）。

我国养老保险制度自建立起就深受多维二元结构的影响，并逐渐形成多重二元分割的局面。而当前的养老保险全国统筹改革在突破城乡与体制结构的束缚后，其困境集中体现为区域二元结构的限制。鉴于此，应从设计合理统一的制度参数、明确中央与地方责任划分、平衡区域间利益关系和理顺组织管理体制等方面推动养老保险全国统筹（董才生、常成，2020）。另外，新常态下城市二元结构问题在发生新的变化，城市户籍人口和流动人口之间的收入差别已经逐步转换为二者各自的收入差别。户籍人口和流动人口的收入效应虽然有共性，但也存在诸多差异。对于不同的收入阶层，户籍人口的教育收益率具有收入再分配效应，而流动人口的教育收益率具有显著的马太效应。为了解决城市二元结构中的收入差别问题，应从教育方面提升全民受教育程度，加强对流动人口中低收入人群的教育扶持力度和强制性要求；从行业方面进一步打破市场壁垒，减少行业限制；促进人口自由流动和放松流动人口落户政策（于涛，2017）。

二、二元结构与社会安全关系研究

流动人口融入城市方面，户籍制度是阻碍融入的关键因素，流动人口的总体城市社会融入水平一般，制度约束和结构排斥使得经济和社会的融入进程严重滞后于文化和心理融入（杨菊华，2015），这就形成了流动人口"半城市化"问题。在社会心理层面，由于不被城市居民所接纳和认可，反过来也导致了他们对城市社会的复杂情结，使得农村流动人口在感情上与城市社会产生距离，从而产生各种各样的紧张、矛盾和冲突（王春光，2006）。近年来农民工为争取自己合法利益的抗争行为不断增长，他们或者采取体制内投诉的方式，或者采取体制外集体行动的方式（蔡禾等，2009）。在相关利益受损的情况下，城市贫困群体已经倾向于将较激烈的申诉方式视为利益诉求的方式（陈映芳，2003）。社会容易在旧体制松动而新体制未定型的转型阶段产生动荡（Gurr，1970）。德国著名社会学家乌尔里希·贝克认为，中国目前面临的最大风险和危险是社会转型的震荡（薛晓源，2006）。

第三节　社会保障体系与社会安全关系研究

一、中国社会保障体系的现状研究

尽管我国已经初步构建了基本的中国社会保障体系框架，但是我国社会保障制度还存在一些问题。社会保障制度应该进一步改革和完善，一是设置统一的社保管理机构；二是完善社会保障制度监督机制；三是实现公正合理的社会保障金的分配和使用（刘芳，2016）。然而也有学者提出以下观点，中国现阶段处于经济转型时期，需要构建一个适度、公平、有效的社会保障体系，但这个过程并非一蹴而就的，要实现社会保障的合理结构就要使社保的适度支出与我国当前的经济、文化、社会发展水平相适应，同时在逐步提高我国社会保障水平的基础上，有针对性地优化社保结构，力争做到经济发展与社会保障齐头并进，东部发达地区与西部边疆地区社会保障水平均衡发展，代际、代内社会保障水平兼顾公平，制度建设与服务建设共同完善（王轩等，2018）。

尽管中国社会保障体系在反贫困方面起了重要的作用，但当前中国社会保障体系在反贫困方面仍面临一些问题和挑战，一是城乡二元结构和制度设计的碎片化。二是我国的社会保障制度与减贫发展的关联程度仍有待提高，关联形式有待创新。三是需要形成并实践更有积极性的社会保障理念和项目。因此，中国社会保障在反贫困方面仍待进一步完善，一是广泛借鉴世界其他国家对于社会保障的认识、理念和多样化的治理模式。二是超越资金给付支持，加强面向贫困人口的定向的服务供给。三是倡导以就业为中心、工作福利为导向的社会保障。四是以一站式服务方法促进基层社会保障的协同化治理（左停等，2018）。

二、中国养老保险制度研究

（一）中国养老保险制度的现状及存在问题研究

1. 中国养老保险制度的现状研究

当前我国基本养老保险面临的各类内外部风险日益增多，政府责任定位不清晰、责任划分不合理、责任固化等问题愈发明显，不利于基本养老保险抵御风险，甚至可能衍生新的风险（吕端，2021）。另外，在当前养老保险体系下，个人退休后养老金领取额约为其养老保险金缴纳额的两倍。随着少子老龄化与劳动力短缺问题的出现，个人层面收支失衡将逐渐演化为社会养老保险支付压力与代际压力（张子彧、陈友华，2022）。此外，李春根、赵阳（2022）采用自然断点分级法，划分调剂前后各省份城镇职工基本养老保险基金当期结余和人均当期结余等级。研究发现东部地区为调剂"输出"地区，东北地区为最大调剂"输入"地区；中央调剂制度对省份间"正向调剂"主要作用于东北三省，"逆向调剂"主要作用于东部地区。调剂前后，省份等级变动以向上为主、向下为辅。

《中华人民共和国经济和社会发展第十四个五年规划和2035年远景目标纲要》指出实现养老保险全国统筹，即从中央调剂制度转向全国统收统支制度。中国养老保险直到2019年才具备实现省级统筹客观条件，实施的是统收统支意义上的省级统筹；全国统筹方案的本质是全国统筹调剂制度，相当于延续和更新了2018年实施的中央调剂制度，是全国统筹的初级阶段。这样的制度安排符合实际情况，但实现统收统支意义上的全国统筹将是一个长期的"动态过程"（郑秉文，2022）。实现全国统筹是促进养老保险制度更加公平、更可持续、更有韧性发展的关键所在。在基本制度承重、社会支持、技术保障和国际经验借鉴方面，中国已经充分具备推动养老保险全国统筹的基础条件。但在提高统筹层次和央地责任再配置过程中，将带来地方责任主体约束效应弱化、参保约束松弛、地方待遇攀比等一系列风险，有可能严重影响制度稳健运行（关博、王雯，2021）。目前，在仍实施中央调剂制度的情况下，养老保险财政负担将从2021年的2 586.53亿元增加至2050年的142.77万亿元，累计财政负担为1255.94万亿元；如果实现养老保险全国统收统支，在中央政府不采取严格监管措施的情况下，地方政府征收行为将发生变化，养老保险征缴率会下降 16.1 个百分点，虽然 2023 年及以前财政负担比实施中央调剂制度时至少下降 82.34%，但 2024-2050 年财政负担将比实施中央调剂制度时上升 12.12%-184%，累计财政负担提高 21.74%；若进一步提高征缴率，当征缴率每增加 1 个百分点，累计财政负担比实施全国统收统支制度时下降 1.11%（曾益、杨悦，2021）。

2. 中国养老保险制度存在问题的研究

现有文献对中国养老保险制度存在问题进行了深入分析。（1）改革开放以来，我国的养老保险制度建设成效显著，覆盖全体国民的养老保险三支柱体系已基本建成。但在当前养老保险制度框架下，不同人群制度适用有别、待遇差距悬殊，意味着当前仅做到了形式普惠，远未达到实质公平（张宁、李旷奇，2022）。（2）养老保险缴费存在累退的性质，相比低收入群体，高收入群体的边际缴费率更低，这直接导致了缴费率对个体劳动收入的"逆向分配"效应，从而降低了养老保险整体对收入再分配的调节作用（纪园园等，2022）。（3）近年来，国家财政对城镇企业职工基本养老保险制度的补贴规模越来越大。在"分灶吃饭"的财政分权体制下，养老保险基金实行分级预算管理体制。由于统筹层次低、财政事权不清和央地博弈等原因，社保基金收支表现出预算软约束现象（房连泉、王远林，2022）。（4）中央调剂制度最优上解比例可分解为两部分，一部分上解比例体现了养老保险基金跨省调剂公平性，另一部分上解比例则提高了养老保险基金整体可持续性；另外，按最优上解比例进行省际再分配养老保险基金既能保证调剂公平性又能提高养老保险基金整体可持续性；此外，养老保险参保赡养率因人口老龄化而持续上升背景下，即使借助最优上解比例跨省调剂基金，2050 年也仍会出现养老保险基金收支庞大缺口（李明桥，2022）。因此，基本养老保险全国统筹面临着旧约束与新挑战，应以实现统一性、提高互济性、促进公平性和保障可持续性为基本目标，坚持"全国一盘棋"的系统性思维，分阶段推进改革（朱小玉、施文凯，2022）。（5）在加速老龄化趋势下，农村老龄化现象相对城镇更为凸显，农村居民基本养老保险的缴费率较低，替代率约占国际警戒线水平的 1/5，严重制约了乡村经济和社会的健康发展。城乡分割是农村居民基本养老保险制度失灵的根本原因。因此，乡村振兴背景下需要推进基本养老保险制度的城乡融合，即从名义保障水平相同向实际保障水平相同过渡，优化城乡融合的渐进式路径设计，力图匡正城乡居民基本养老保险的制度失灵，让农村居民享受到公平公正可持续的基本养老保险待遇，助推乡村振兴战略早日实现（蒋军成、黄子珩，2021）。此外。谢予昭（2022）分析了我国税优政策的规则设计、实践困境及其深层次原因，认为当前政策存在激励力度不足、管理流程不畅、与外部税收制度环境不衔接等问题，抑制了职工和雇主的参保意愿。

（二）中国养老保险的作用研究

现有文献对中国养老保险对社会经济的影响作用进行了深入分析探讨。（1）地区养老保险缴费负担差异可能会引起资本跨区域转移，养老保险缴费负担会导致企业跨省投资转移行为。地区实际养老保险缴费率的提高显著增加了企业的跨省投资转移行为。较高的养老保险缴费负担提高了企业的劳动力成本，导致企业倾向于选择到养老保险缴费率较低的地区进行投资。地区养老保险缴费负担对规模较大、融资约束程度较高以及地区制度环境不完善的企业的跨省投资转移行为影响更为显著。此外，最低工资标准的提升进一步加剧了地区养老保险缴费负担对企业跨省投资转移行为的影响。因此，全国统一社会保险缴费率有重要意义（杜素珍等，2022）。（2）不同养老保险制度对老年人的自评健康和精神健康有显著影响，对老年人身体健康的影响不显著。参加机关事业单位养老保险和城镇企业职工养老保险的老年人比参加城镇居民养老保险的老年人有更高的自评健康和更低的抑郁倾向。养老保险制度通过医疗服务、社会交往和市场劳动影响老年人健康。参加机关事业单位养老保险和城镇企业职工养老保险的老年人比参加城镇居民养老保险的老年人使用更多的医疗服务项目、有更高的社会交往次数和更少的劳动参与时间进而有更好的自评健康（黄乾、方守林，2022）。（3）养老保险覆盖率和替代率有助于缩小收入差距，在收入再分配中发挥着积极的作用，而养老保险缴费对收入差距存在逆向调节作用。在2005年养老保险改革之后，养老保险缴费的逆向分配效果得到一些改善（纪园园等，2022）。

此外，现有文献也对农村社会养老保险对社会经济的影响作用进行了深入分析探讨。（1）农村社会养老保险缓解了农村老龄人口的物质贫困和健康贫困，但未能消减主观福利贫困。另外，从人群来看，农村社会养老保险对农村老龄人口多维贫困的减贫作用存在性别、年龄和婚姻状况方面的差别；从空间来看，农村社会养老保险有效缓解了东部农村老龄人口的物质贫困和中西部农村老龄人口的健康贫困（吴玉锋等，2022）。（2）新农保的实施使子女对父母的转移支付每年显著增加约 1700 元，但给予父母的时间陪伴也显著下降了约 10%。新农保对子女的代际经济支持有着正向的"挤入"作用，而对时间支持有着负面的"挤出"作用，经济与时间支持间存在明显替代性。进一步的影响机制分析发现，新农保的实施使老年人隔代照顾孙子女的时间增多，出于"交换动机"，子女增加了对父母的转移支付，同时因自身资源约束而随之减少了对父母的陪伴（杨瑞龙等，2022）。

（三）影响中国养老保险的因素研究

现有文献对影响中国养老保险发展的因素进行了深入分析探讨。张心洁等（2022）探索了生育政策调整对城镇职工基本养老保险基金盈余状况的影响。研究发现，"全面三孩"政策对城镇人口数量有显著影响，影响幅度与生育率水平相关；新增人口对劳动力市场结构改变的影响具有一定滞后性，2038 年后效果得以逐步显现；提高生育率能够改善养老金赤字问题，生育率越高效果越好。另外，为促进地方社保征收，降低地方道德风险，中央财政采取与地方工作绩效挂钩的转移支付政策，并将地方财政纳入兜底支付责任。财政转移支付对地方社保征收有正向促进作用，起到了一定激励约束效果；同时，养老保险统筹层次和地方财政收入预算执行情况等变量也对征收努力产生影响（房连泉、王远林，2022）。

此外，经办服务模式也对中国养老保险产生重大影响。在养老保险经办服务体系设置中，有两个可供选择的模式，即经办服务体系"垂直管理"或"属地管理"。如果实施"属地管理"模式，征缴率不发生变化，2024 年养老保险基金出现首次当期赤字，2050 年累计赤字规模达到 107.04 万亿元；如果实施"垂直管理"模式，征缴率上升 8.26 个百分点，养老保险基金当期赤字时点推后至 2031 年，2050 年仍有累计结余 1.27 万亿元；进一步引入延迟退休年龄政策后，"属地管理"模式下，2050 年累计结余规模达 79.32 万亿元，"垂直管理"模式下，累计结余规模则达 201.72 万亿元（曾益等，2022）。

（四）完善中国养老保险制度的路径研究

作为养老保险制度最根本的价值追求，能否做到实质公平关乎人民群众的满意度，更关乎制度效能的有效发挥。养老保险应更加注重价值追求，在实质公平的导向下，探索养老保险制度高质量、可持续发展之道。在理顺制度定位和厘清体系划分的基础上，实施渐进式的养老保险制度变革，最终实现基本保障平等化、补充保障公平化以及管理服务均等化（张宁、李旷奇，2022）。具体而言，学者们提出以下途径完善中国养老保险制度。

1. 完善中央调剂制度与全国统筹制度

"十四五"时期，应从中央调剂制度过渡到以收支平衡为目标的中央差额缴拨制度，同时优化管理体制并强化激励约束；在此基础上逐步将基本养老保险推进到全国统筹的高级阶段。具体来说，需要从基金运行和管理制度两方面搭建起基本养老保险全国统筹的基本框架，完善全面预算、责任分担和激励约束等关键机制，同时防范因此可能带来的风险（朱小玉、施文凯，2022）。此外，为更好实现中央调剂制度与全国统筹制度的有效衔接，应明确责任分担和激励约束机制，增强制度规范性；夯实信息平台构建，提高省域协同性；做大养老保险"蛋糕"，保障基金可持续性；分好养老保险"蛋糕"，提升制度公平性（李春根、赵阳，2022）。

目前关于基本养老保险基金全国统筹的管理模式和实现路径尚未明确。基于对中央调剂金制度和省级统筹制度实施情况的深入分析，提出了2022年启动实施全国统筹时采取的起步模式和经过3-5年过渡后最终应实现的目标模式，并对两种模式的目标、主要制度设计、优缺点和实现路径等进行了论述。因此，下一步推进实施全国统筹，应该明确原则，同步推进养老保险政策的统一规范；建立全国"垂直管理"的信息系统；增强基金预算的准确性和科学性；建立责任分担机制和激励约束相容的考核奖惩机制；进一步完善统一的社会保险公共服务平台建设等（杨洋，2021）。另外，在科学界定全国统筹内涵的前提下，采用两步走方式推进全国统筹。用5年左右的时间，以统一制度结构和基本规定为前提，以财务风险共担为目标，以基金统一管理为准绳，以全国范围内部分基金共济为基础，形成全国统筹制度框架。再用10年左右时间，深化制度整合，清晰主体权责，推动基金统收统支，全面完成全国统筹改革（关博、王雯，2021）。

另外，在考虑基本养老保险的"生存公平"与"劳动公平"基础上，尽量减小统筹前后职工养老金差异以缓解统筹的阻力和转轨成本，是顺利推进全国统筹的一个解决思路。基于这一目标，设计了以下能满足推进统筹制度转轨成本最小的养老金计发方案：一是与当地在岗职工平均工资、全国在岗职工平均工资、个人缴费贡献同时挂钩的养老金待遇计发方案，可实现全国统筹制度转轨的阻力最小化，并保证统筹后养老金的分配更为公平。二是基于最小化统筹制度转轨成本设计的相关养老金计发方案，能够在合理的财政补贴标准、缴费人数、领取人数以及工资增长率预测等精算假设下实现我国职工基本养老保险统筹账户未来至少 20 年的健康运行而不会出现支付危机。尽管以上计发方案比仅考虑缴费工资或直接跃升到全国统一水平的计发方案更为复杂，但该方案一方面能够实现基本养老保险的收入再分配功能，另一方面又考虑了职工的缴费贡献，同时还避免了激进变革的阻力，因此，可以为养老保险全国统筹过程中的制度改革提供参考（范堃等，2022）。

此外，在养老保险经办服务体系设置中，有经办服务体系"垂直管理"或"属地管理"模式。实施渐进式延迟退休年龄政策与"垂直管理"模式能够有效提高养老保险基金可持续性，建议在推进养老保险全国统筹的进程中，选择"垂直管理"模式（曾益等，2022）。在实施养老保险全国统筹的过程中，国家应重视地方政府征收行为的变化，并尽快制定奖惩机制、提高征缴率，以增强养老保险基金应对老龄化问题的能力（曾益、杨悦，2021）。

2. 改革社保征收体制

要从风险视角审视基本养老保险领域政府责任，按照风险认知、风险变迁、风险分配、风险管控原则，优化中央和地方政府责任划分机制，建立政府责任动态调整机制，提升基本养老保险的抗风险能力（吕端，2021）。如果实施推迟法定退休年龄制度并且按最优上解比例调剂基金，那么能有效缓解未来养老保险基金支出负担，因此现阶段迫切需要实施最优上解比例和推迟法定退休年龄相结合的制度改革（李明桥，2022）。另外，国有资本划转配合征管机构改革的落实，能够有效对冲降低费率造成的赤字时间提前和累积缺口扩大的问题。同时，适度提高国有资本划转比例能够在短期内更好地发挥缓解基金压力的作用。据此，加快国有资本划转进度并适当提高划转比例，以缓解降费率造成的基金压力，同时尽快完成征收机构改革，提高保费征缴率（孙玉栋、郑垚，2021）。此外，曾益、邓智宇（2022）评估社保征收体制改革对城镇职工基本养老保险财政负担的影响。研究发现，若未实施社保征收体制改革，2022-2050 年城镇职工基本养老保险累计财政负担为 1006.65 万亿元；若实施社保征收体制改革，原先实行地税全征模式省份的征缴率提高10.04 个百分点，而原先实行地税代征或社保机构征收模式的省份的征缴率不发生变化，这使得累计财政负担降低 6.64%；若所有省份征缴率提高至 90%，

2022-2050 年累计财政负担降低 53.99%。综上，社保征收体制改革能降低养老保险财政负担。建议从前置核定环节、保费征收环节加强征缴力度，以进一步提升养老保险的征缴效果。

3. 改进个人养老保险收支

张子彧、陈友华（2022）基于对个人养老保险收支均衡的情景分析和政策模拟，提出以下三种改进方法，从结果上看，实施延迟退休政策和提高退休年龄对应计发月数较为有效，而改变养老保险缴费率可能会带来个人与社会层面的目标矛盾。因此，一是尽快确定并实施全国性的延迟退休方案；二是妥善处理养老金个人账户问题；三是提高个人账户养老金计发月数；四是提供多种养老保险制度。另外，借鉴美、英、德等典型国家的实践经验，发现各国税优政策的设计重点在于增强灵活性、维护公平性和控制成本，而税优模式的选择权、财政补贴、匹配缴款和自动加入制度等政策组合更能互补不足，发挥最佳效果。为完善我国养老保险税优政策、发展养老保险第二、三支柱，应该对现行的税优政策进行更加精细的设计，采取组合型政策工具综合施策，着力提高雇主参保缴费的积极性，整体谋划推动多层次、多支柱养老保险体系和养老金市场的协同发展（谢予昭，2022）。此外，因为"全面三孩"政策实施有助于提升养老保险基金可持续性，且需强化生育激励和完善保障措施，因此，可通过延迟退休年龄、提高养老金保值增值能力等增强基金可持续运行能力（张心洁等，2022）。

4. 引导农户积极参加养老保险

农户分化促使补充养老保险（企业年金）和商业养老保险成为农户养老选择的新趋向，城乡居民基本养老保险在适应新时期农户养老需求方面略显不足；提升农户养老保险政策认知有助于提高农户参保意愿。因此，继续推进农村多层次养老保险体系建设、完善城乡居民基本养老保险待遇调整机制、扩大进城务工人员企业年金参保率、创新发展商业养老保险产品，加强养老保险政策宣传引导，为建设具有中国特色的农村养老保障制度提供参考（金晶、李成星，2022）。此外，完善多维贫困识别策略、实现参保全覆盖、提升收入再分配力度、给予弱势老龄人口制度倾斜应成为提升农村社会养老保险对老龄人口减贫作用的政策选择（吴玉锋等，2022）。

三、中国低保制度研究

1999 年 10 月 1 日国务院颁布的《城市居民最低生活保障条例》正式实施，中国城市居民最低生活保障制度正式建立。2007 年 7 月 11 日国务院颁布了《国务院关于在全国建立农村最低生活保障制度的通知》，中国农村低保实现了全覆盖（吴鹏森、戴卫东，2015）。2012 年是中国低保制度发展的重要节点，低保制度的覆盖人口在该年达到峰值，全国城乡低保对象数量共计 3929.8 万户和 7488 万人，此后逐年下降（乐章、程中培，2017）。中国低保制度在发展中呈现以下特征。

（一）我国城市低保制度体现出强烈的维生型救助特征

这是一种重生活保障轻经济发展的救助，体现出维持生计的导向而非发展导向；维生型救助容易引发两个方面的不满，其一是救助对象因为救助水平太低而对这一制度不满，其二是普通民众对这项制度"养懒汉"和增加纳税人负担等负功能提出批评，从而导致对福利制度的态度出现分化。总体而言，维生型救助无法应对我国社会经济发展、权利进步、社会心理以及时代需求的救助新情势（陈水生，2014）。中国城乡困难家庭社会政策支持系统建设调查项目的数据显示，高达 96.38% 的"福利依赖"家庭在进入救助制度后从未退出过。因此，我国城市低保制度"养懒汉"已成为长期持续的状态，需要从政策上进行干预（刘璐婵、林闽钢，2015）。低保制度扶贫方面已经取得了一定的成果，但它也存在一定的问题和弊端，比如道德风险问题，一些家庭条件比较好的城乡家庭获得低保的现象仍然存在。同时一些真正贫困的居民由于各种原因，可能无法申领到低保金，这就是政策制度存在筛选漏洞。授之以鱼不如授之以渔，帮助有劳动能力的个人和家庭找好谋生手段，自主脱贫，也是对低保制度的很好补充。因而，在扶贫工作中，方法不是一成不变的，而是应该多种手段相结合，分层次，分群体的处理扶贫问题，在扶贫中，把低保和促进就业结合起来，会起到更好的效果（赵立华、苗红军，2017）。

（二）城乡低保制度呈现分割、分治的格局

中国是典型的城乡二元结构，一直秉承着先城市后农村的制度设计方式，不仅会形成两套制度，而且会造成某种程度上的制度倾斜，不利于实现低保制度应当追求的社会公平。因此，低保制度的制度安排应该以城市与农村兼重，实现低保制度保障内容、保障对象鉴定、资金来源、保障标准、低保管理的城乡统一。尽快改变城乡低保制度分割、分治的格局，建立统一城乡低保制度，应当成为改变低保制度碎片化状况的第一步（胡国恒、王丽华，2016）。

（三）低保救助水平较低，无法有效发挥其功能

2003-2015 年，城市低保标准从 149 元/月增长到 451.1 元/月，增速为203%；人均补差水平从 58 元/月增长到 316.6 元/月，增速为 446%。虽然城市低保标准的增幅较大，但是也仅能满足底层群众的最低生活需要。一旦发生疾病或其他突发性风险，将会重新陷入生存困境，其他方面的配套救助措施作为补充就显得尤为重要。农村低保制度建立之初，资金来源主要是地方政府和农村集体经济，但是一些农村集体经济已经开始解体，实际上将成本转嫁给了本村农民，反而加重了农民负担。没有中央财政支持，地方政府缺乏制度供给的动力，农村低保制度建立之初形同虚设，也无法起到保障最低生活需要的功能（胡思洋，2017）。

（四）低保障制度存在目标错位和缺乏监督的问题

低保制度并不能从根本上使低保对象脱贫，低保对象界定困难，缺乏相关法律配套措施，传统理念的束缚阻碍着低保制度的发展，保障范围过小，很多需要帮助的人享受不到低保制度带来的福利（倪念红，2017）。从政策设计的角度不难看出，农村低保的政策目标在于缓解农村绝对贫困，而这一目标的实现则依赖于两个关键环节的有效执行，一是贫困人口能够被精准甄别（瞄准问题）；二是被精准甄别出的贫困人口能够得到足额施保（救助充足性问题）。如果瞄准和救助充足性都能按照政策规定严格执行，那么农户无论是因缺乏劳动能力而陷入持续性贫困，还是因负面冲击而造成暂时性困难，他们都能获得维持其基本生活水平的低保救助金，从而脱离贫困状态（韩华为、高琴，2017）。

（五）地方政府随意制定低保救助标准

中央没有制定明确的最低生活保障标准，而是赋予了地方政府一定的执

行该制度的裁量权，各地方政府往往会受到短期收益和主观意志的影响，制定的低保标准和管理办法往往不尽合理。当前我国最低生活保障标准的制定主要由地方民政部门主导，通常采用基本生活费用支出法、恩格尔系数法、消费支出比例法等比较传统的计算方法，部门内部普遍缺乏专业人才，这样就使得制定出来的最低生活保障标准不够科学、不够合理（李蹊、杨刚，2016）。另外还有城市主要根据"市场菜篮子法"等方式制定城市"低保"线。随着社会经济的发展，城市"低保"线需要建立基于科学指导的综合指标体系的联动机制。同时，各个地区要加大对低保制度的重视，根据当地的经济发展水平和财政支付能力适当提高城镇居民最低生活保障标准，从而提高对贫困群体的保障水平，真正地发挥低保制度的降贫作用。（李琦、曹艳春，2017）。目前，一些地区将其与物价指数挂钩，另一些地区则是主观控制"低保"线的变动，每隔一两年变动一次（曹艳春，2016）。

（六）民族贫困地区低保救助仍然不能满足需求

精准扶贫与低保制度的多元治理体系在民族贫困地区已得到初步构建，但却不够成熟。当前低保救助仅能满足其最基本的温饱水平，因病致贫、因灾致贫、因学致贫的现象还频有发生，低保对象仍然处于高度脆弱性风险中。从贫困治理的多元参与角度，还应提升专项社会救助功能，完善社会救助体系，加强慈善救助、各类专项救助的可及性，从而，真正实现低保对精准扶贫的兜底功能。（李丹等，2017）

四、中国医保制度研究

（一）新农合的成就

新农合改善了农村基础医疗条件，降低了参合者疾病治疗的时间和金钱成本。参合者不仅可以获得健康的体魄，而且能够培育积极的心态来面对生活。身心健康的改善有效激活农民的社会属性，催生出更高层次的人生自信，从而使个体在心理健康、身体健康和社会适应力发展方面形成良性互动，显著提升农民的身心健康水平（郑适等，2017）。新农合缓解贫困的效果主要是通过报销医疗费用等健康支出减轻农村居民经济负担的，某种程度上表明我国的报销比例、报销范围能够达到较好覆盖健康支出，最大程度上减轻农村居民经济负担的目的（陈华等，2017）。新农合提高了我国农村中老年群体的健康状态，但仍需要在医疗保健（特别是妇女保健）、教育、健康生活方式宣传教育、环境维护、经济提高与支持等各方面加强改善。所以，新农合作为一种社会基本医疗保障制度，应更多地关注其在农村中老年群体中的实施效果（周俊婷、李勇，2018）。从总体上看，新农合制度的实施对农民就医行为产生了积极影响作用，制度实施后更多农民选择在患病后前往医疗机构就医。新农合制度对经济能力较差的农民影响显著，促进较多经济能力较差的农民转变就医行为，不再采取"小病扛，大病拖"的方式。新农合制度促使农民更加注意自身健康，对待疾病的态度更加科学。实施新农合后，农民患大病后选择及时就医的比例也较制度实施前有显著提高。新农合通过对农民看病治病的补贴降低了农民的医疗费用，减轻了农民在医疗上的负担，从而促使农民在患病后积极就医寻求治疗（宋泽涛，2018）。

（二）中国医保制度存在的问题

中国医保制度存在以下问题：第一，医药市场缺乏管理机制。第二，医疗服务效率低，医疗资源配置不合理。第三，医疗卫生资源配置不当、供求失衡。第四，医保机构职责分工不明确，缺乏统筹管理制度（袁菁，2014）。另外，医保体系分裂带来公平与效率的低下，医保功能的不完善导致其与社会发展需求的不适应，外部环境制约全民医保制度构建进程（陈迎春等，2016）。同时，从资源效率看，新型农村合作医疗和城镇居民医保两套机制、两套信息系统不仅导致严重浪费，而且对制度实践产生了扭曲效应（郑功成，2015）。因此，中国医保制度应该进行以下改进：第一，实行医药分家。第二，大力推进多层次的医疗保险体系。第三，进一步扩大基层医疗服务体系建设。第四，建立医保统筹管理制度（袁菁，2014）。

城镇居民医保制度发展中也面临诸多的问题，一是居民的参保意识相对较低，参保范围相对较小，救助对象范围比较窄，限制因素多。二是医保待遇相对较低，医疗救助水平较低，二是医疗救助资金来源不稳定、主体单一，资金沉淀率高。四是救助形式缺少预防意识，以事后补救为主（程俊霞，2016；凌小丽，2017）。针对以上存在的问题，城镇居民医保制度运行路径的应该采用以下优化对策，一是提升居民的参保意识，扩大居民的参保范围，提升医保待遇（程俊霞，2016）。二是建立以政府为主体，多层次的医疗救助为补充的合作方式。三是建立医疗救助质量评价体系，加强监督。四是建立以社区服务为主的城市医疗救助制度。五是建立城市医疗救助的第三部门供给模式（凌小丽，2017）。

尽管新农合医保制度取得了较大的成就，然而全民医保在缩小农村地区收入差异方面所起作用非常有限。因为不同身份的参保人享有的医保制度不同，严重阻碍了医疗保险的公平性，不适合社会发展的需求。而且这样的体系容易造成社会资源的浪费。所以我国需加快对全民医保的整合工作，真正做到三保合一，打破空间的限制（李建国、陈彩萍，2017）。也有的学者认为，作为社会保障体系重要制度的全民医保的一个重要特质，就在于它具有稳定性、连续性。完善全民医保是一个复杂的系统工程，促进全民健康是一个需要长期综合治理的过程，不能视之易而举措急，更不可能一蹴而就（王东进，2017）。

五、中国失业保险制度研究

（一）中国失业保险制度的作用研究

我国劳动力市场化程度日益加深导致劳动者职业转换愈加频繁，失业保险的作用日益突出。彭章等（2021）运用2009-2019年上市公司数据进行实证分析，结果发现失业保险金上升会导致公司财务杠杆下降。渠道检验显示，提高失业保险金可以降低员工失业风险溢酬，公司劳动力成本下降，公司有更多自由现金流和盈利进行内源融资和偿还债务，公司财务杠杆下降。进一步分析发现，失业保险金的作用在失业率高的地区更加显著。因此，加大失业保险保障力度有助于降低企业财务风险。另外，动态搜寻理论的经典观点认为，失业保险金会降低失业者的求职努力，因而学术界一直质疑失业保险政策的有效性。但在社会实践中，促进失业者再就业又是中国等众多国家失业保险政策的主要目标。针对这一分歧，梁斌、冀慧（2020）利用2017年中国家庭金融调查与中国时间利用调查数据考察了失业保险金对失业者求职努力的影响，展示中国失业保险政策在促进再就业方面的显著效果。渠道检验发现，失业保险金通过补贴搜寻成本进而提高了搜寻成本较低的失业者的求职努力。同时，数据还显示中国失业保险政策促进效应存在关键性拐点，随着失业保险金水平的提高，失业保险金对求职努力的促进作用逐渐降低，当失业保险金超过拐点时，会开始抑制失业者的求职努力，而中国目前的失业保险金水平还在拐点以下。此外，失业保险对个体的劳动供给存在显著的正向激励。参加失业保险可以显著提高个体的劳动参与率与劳动供给时间，且这种正向作用对非农劳动参与率和非农劳动供给时间的影响更为突出。进一步研究显示，失业保险主要通过工作搜寻机制与职业匹配机制进而对劳动供给产生正向作用。因此，完善失业保险制度，强化失业保险对劳动供给的激励效应，对社会经济发展具有重要作用（陈波、罗荷花，2020）。

（二）中国失业保险制度存在的问题研究

中国失业保险制度曾经为经济体制转型起到了减震器的作用。随着劳动保护和社会保障制度的发展和政府就业政策的完善，在二元就业结构、户籍制度、公共部门人力资源管理制度及政府承担就业促进任务的影响下，失业保险的政治、经济、失业人口收入补偿、就业促进功能并未能有效发挥（李珍等，2020）。

具体而言，中国失业保险制度存在以下问题。（1）结余率过高、领取率过低。失业保险基金为缓和疫情带来的就业压力做出了很大贡献，但因为以下原因造成其结余率过高、领取率过低却属历史痼疾，其运行效率仍有改善空间。一是政策漂移，支出范围限制以及过低的失业金标准导致资金流入多而流出少，基金难以充分转化为保障而是沉淀下来；二是政策转化，失业保险参保率偏低且待遇发放环节因基金安全考虑而限制较多；三是政策重叠，失业保险与财政就业补助资金、低保制度之间存在重叠，资金重复配置。根本上，失业保险与劳动力市场等宏观结构脱嵌导致"高险低保、高保低险"的错配。因此，需要改进中国社会政策的利用率和风险再分配机制，进而改善失业保险对失业者的保障作用和对抗经济周期的功能（刘军强，2022）。（2）调节作用和再分配作用表现欠佳。通过对政策累进性研究发现，失业保险金待遇水平和领取率对再分配效应的发挥起着至关重要的作用。失业保险政策近年来无论是在全国层面，还是在部分省市层面，都发挥着缩小收入差距的作用，有利于促进社会公平。但失业保险缴费环节对高低两端收入群体调节作用表现欠佳，进而也抑制了领取环节的再分配作用（金双华、班福玉，2021）。（3）纳入非正规就业者出现一定的制度错位。传统的失业保险主要针对的是正规就业，因此，在纳入非正规就业者时，就不可避免地出现一定的制度错位。在法定覆盖维度表现为覆盖非正规就业者范围窄；在有效覆盖维度则表现为失业保险制度本身不匹配，包括失业保险费的缴纳、失业保险待遇领取资格和失业保险待遇水平三个方面（孟现玉，2020）。（4）需求侧调节机制不完善，调节效果不明显。逆周期调节是失业保险的核心功能和本质特征，包括供给侧调节机制和需求侧调节机制两个方面。在外部不利冲击下，发挥失业保险的逆周期调节作用显得尤为重要。但是，由于对失业保险逆周期调节作用重视程度不够、对其功能认识不深入，失业保险逆周期调节机制缺乏系统性和协调性，导致中国失业保险逆周期调节效果不佳。中国失业保险供给侧逆周期调节机制较为完善，调节效果突出；但是需求侧调节机制不完善，调节效果不明显（孙守纪等，2020）。

（三）中国失业保险制度完善路径研究

完善失业保险制度设计。（1）在覆盖面不断扩大、基金结余日益增加的情况下，失业保险也面临瞄准度不高、待遇水平较低、基金收支失衡的困境。应重点处理好制度覆盖面和制度有效性、内容设计与制度激励性、运行机制和制度效率的关系。建议以失业保护为中心完善失业保险体系，通过失业保险结构性改革扩大制度覆盖面，以参数式改革提高制度激励性，以省级统筹提升制度运行效率（张盈华等，2019）。（2）调整失业保险的收支标准并提升立法监督水平，以充分发挥其收入再分配职能优势（金双华、班福玉，2021）。从而进一步完善失业保险制度设计。（3）我国失业保险参保率和受益率双低，因此，应扩大农民工、灵活就业人员、低收入劳动者失业保险覆盖面，优化失业保险制度设计，完善失业保险浮动费率制度，降低失业保险待遇支付条件（杨斌、丁建定，2019）。

转向促进就业功能。（1）在城镇化和非正规就业成为主流等新形势下，失业保险制度的重心应当适时调整至促进就业功能，其递进方向首先是扩大覆盖面，纳入非正规就业群体；其次是创新失业保险金使用方式，推动失业者主导参与职业培训，激励职业中心提高职业介绍成功率（程惠霞，2018）。因此，失业保险的制度调适，应在法定覆盖维度上循序渐进地纳入非正规就业者，在有效覆盖维度上改革失业保险制度，以消除制度的不平衡性（孟现玉，2020）。（2）我国失业保险制度的改革应当使其回归社会保险的制度原理，变革为就业保险，重塑制度目标，实现制度更迭，构建保生活、促就业、防失业三位一体的制度目标模式，其中生活保障是基础，促进就业是核心，预防失业是补充。完成从失业保险向就业保险的制度转化，建立实现制度目标的三项就业保险给付；完善促进就业导向的失业给付制度，将职业介绍补贴和职业培训补贴制度改造为就业给付制度，建立经济不景气时期的缩短工时工资补贴制度（王显勇，2017）。（3）失业保险制度升级为就业保险制度，还能有效克服失业保险制度保障失业有余、促进就业不足，失业保险制度难以与就业促进等无缝对接问题。就业保险制度尝试用保险的方式解决就业问题，具有保险覆盖的范围更广，失业给付的附加条件增多，政府出资的范围明确，追求财务独立，整合政府就业促进部门及失业保险经办机构的职能等特点。我国失业保险制度存有不足，需要以就业保险的制度优势来完善失业保险制度。可以通过逐步扩大覆盖面，完善保险费率与保险待遇制度，加强就业促进和就业预防功能，提高失业保险的管理成效等方面入手，构建我国的就业保险制度（黎大有、张荣芳，2015）。

借鉴国外经验，发挥失业保险逆周期调节机制。作为自动稳定器，失业保险在稳定宏观经济中发挥着重要作用。经过八十多年的发展，美国建立了联邦政府与州政府双重管理、常规性与应急性双重待遇支付、永久性与临时性双重逆周期调节、失业保险与失业救助双重保障的多层次失业保障制度。在美国经济衰退期间，无论是常规失业保险还是应急机制，在稳定失业人员消费、缓解 GDP 下降、减少贫困等方面都发挥了关键作用。但是，常规失业保险领取率较低、延长津贴计划作用有限、紧急失业补偿计划时效性较差等弊端也在不断削弱失业保险作为美国宏观经济自动稳定器的作用（孙守纪、杨一，2020）。因此，中国失业保险需要明确把逆周期调节作为制度目标，进一步完善需求侧调节机制、继续巩固供给侧调节机制，构建中国特色失业保险逆周期调节机制（孙守纪等，2020）。

六、社会保障体系与社会安全关系研究

通过构建社会保障体系，满足社会成员基本生活需要，消除社会成员的不安全感，化解社会的利益冲突，维持社会安全与稳定，从而使社会成员生活有尊严。因此，社会公正、社会安全、人类发展作为社会保障法制建设的三个价值基点，辅之以社会结构优化，尤其是构建较为完善的社会保障法治

体系，可以促使社会由保守闭塞向开放多元转化，从而有效为社会主体提供社会安全（李春斌，2016）。

目前，农村低保是当前农村贫困居民享有的最为基础性的社会保障制度。因而，研究农村低保问题既关乎农村社会的稳定，更关乎公共的社会保障资源能否有效转化为政治效益的国家能力建设问题（仇叶、贺雪峰，2017）。

同时，经济转型和企业改制过程中严峻的就业形势和较为突出的城市贫困问题，对社会稳定和良性运行带来影响和冲击。因此，实现低保标准政策与劳动力市场政策和社会保障政策的衔接是中国低保标准调整的重要政策经验，做好他们之间的良好衔接能够有效激活就业、促进社会公平和避免福利依赖（江树革，2016）。

另外，社会保障体系和社会福利条件的弱化是犯罪率持续上升的重要原因（吕炜、王伟同，2008）。犯罪率的恶化同社会福利条件的恶化表现出一致性变化趋势（陈刚，2010）。

第四节　中国城市社会安全管理改革的研究

中国的二元结构和新二元结构是城市公共安全的潜在重大威胁。中国政府应该着重提高土地征用补偿标准和补偿费用的执行强度，强化对失地农民的社会保障机制，强化对违规征地行为的查处和惩罚（赵德余，2009）。在中国农村劳动力向城市迁移过程中，在城市经济增长发展到一定阶段后，对移民公平的开放公共服务是一个更好的选择，这种政策变化不仅降低了城市内的不平等和冲突，又促进了城市化与城市经济增长（Chen 等，2013）。现阶段缓解"新二元结构"问题的目标，即消除外来农民工不能享有与城市户籍从业人员或人才类居住证获得者同等机会和待遇的排斥性体制，必须构建淡化户籍、强化常住的制度安排，并要衔接、协调现有政策的执行和落实（顾海英等，2011）。此外，加快劳工组织建设，降低利益诉求成本，推进劳资关系的制度化是提高农民工利益博弈能力、增加利益抗争的理性化程度、将利益抗争行为纳入制度表达内的前提（蔡禾等，2009）。为了有效地维护社会安全，就必须维护和促进社会公正，大力改善民生，建立一个初级的民生保障体系，其基本特征在于低水准、广覆盖和有实效（吴忠民，2012）。在现代社会和市场经济条件下，两头小、中间大，以中等收入者群体为主的橄榄型社会结构是最有利于社会安全的，一要保护社会成员合法所得的财产权；二是扩大社会成员的财产性收入；三要大幅度减税（吴忠民，2012）。

治理理论对我国城市公共安全管理的启示在于政府的责任并非无限，但它需明确自身的应有角色并有效履行相应责任，促成一个能够有效维系城市公共安全的治理网络并在其中发挥先行者、指导者、沟通者和激励者角色（赵汗青、柏维春，2010）。总体而言，中国应急管理结构固化与结构演进并存，目前以结构固化为主，但也存在推进结构演进的动力，中国应急管理脱离结构单独推进是陷入目前发展困境的根本原因，中国应急管理的发展需要回归结构，顺势而为推动应急管理的结构演进（张海波、童星，2015）。从理论上看，中国社会风险治理应采取主动治理、动态治理和系统治理三位一体战略（张海波、童星，2015）。基于海恩法则城市公共安全风险的治理路径是强化政府风险意识完善风险监管和预控机制；建立约束各社会主体行为的制度体系；实现社会公众自组织能力与公共安全风险防范自救能力的有机统一；提升城市公共安全基础设施，将风险预控嵌入城市的规划与建设（曹惠民，2015）。应对具有复杂性和扩散性的城市风险，需要有新型、综合、高效的风险防控和公共安全管理体系，实现由事后处置型应急管理向风险防控型公共危机治理体系转型（容志，2012）。此外，建立完善的城市公共安全管理体系是做好城市公共安全风险管理的有效办法（李彤，2008）。

第五节　对上述研究的简要评价及本书的研究方向

上述研究从不同的角度并运用不同的方法分析了中国城市社会安全治理的潜在威胁和城市社会安全治理改革等问题，这些研究为本书的下一步研究打下了一定的基础，对本书的研究有一定的借鉴作用。然而还存在以下几个方面的重要问题需要进行详细的研究：

（一）从研究理论与政策分析框架上看还存在以下几个方面的重要问题

首先，现有文献大多从某一角度对中国城市社会安全治理存在的问题进行分析，没有对中国城市社会安全治理从问题的本质到解决方案进行系统的梳理研究。没有明确回答清楚造成中国城市社会安全风险问题的真正原因这个关键问题，因此就导致其解决方案大多过于简单且不系统。本书将分别从三个方面研究造成中国社会安全风险问题的真正原因，然后对提出详细、可行的改革方案。

其次，已有文献部分地解释了二元结构对中国城市社会安全造成的风险，但大部分研究在理论分析上仍然有进一步深入的必要。从理论上看，大部分分析仍然缺乏一个整体性的理论框架，从而也就无法系统性和理论性地从各个角度考察中国城市社保二元结构对城市公共安全造成风险的深层次原因。本书将运用大样本数据对中国新二元结构对中国城市社会安全造成的风险，并进行实证计量研究。

再其次，现有文献大多从某一角度对贫困和社会安全存在的问题进行分析，没有对贫困和社会稳定从问题的本质到解决方案进行系统的梳理。本书将运用大样本数据分析社保体系如何内生的减贫，从而如何有效改善了社会稳定问题，结合数据分析梳理出一个清晰、明确的理论传导机制，并进行实证计量验证。

最后，现有解决方案的研究往往一般性地指出需要取消户籍、加快劳工组织建设、建立民生保障体系和建立完善的城市社会安全管理体系。基本没有整体性的解决思路，往往还是寄希望于单方面的改革措施和地方试点的方法来解决问题，而且忽视了在中国这个国情复杂的国家改革时可能面临的困难，忽视了城市政府提供公共服务受制于财政约束或者这种改革可能流于形式的可能性，从而没有设计有效和实质性的改革模式，没有真正完成政府社会安全治理制度改革的突破。本书将在前面三个问题研究的基础上设计出有效和实质性的改革模式，真正完成政府社会安全治理制度改革的突破。

（二）从研究方法方面看还存在以下几个方面的重要问题

首先，目前的研究在运用大样本数据基础上分析问题并提出系统性解决方案上仍然存在很大不足，绝大多数研究都没有运用数据分析问题，少数采用数据的研究也缺乏跨区域、跨年度的大样本数据；本书搜集了 2011-2015 年 30 个省会城市和全国 227 个大中城市样本数据进行研究，以期获得更为准确的结论。

其次，现有研究绝大多数采用定性分析和案例分析为主；本书将采用定性分析、定量分析与模拟分析相结合，实证定量分析注重使用固定效应模型

（*FE*）、随机效应模型（*RE*）、系统广义矩估计（*SGMM*）、中介效应模型、空间滞后模型（*SAR*）和空间误差模型（*SEM*）等多种计量方法的使用，以期获得更为稳健、精确的研究结论；以期获得更加准确的研究结果。

最后，既有研究提出的政策性建议，大多缺乏实证和预测评估基础，本书将以实证计量研究为基础，运用大样本数据对改革方案测算评估，以强化改革方案的可行性。

第六节　十九大报告和二十大报告关于提升与创新社会治理的论述

一、十九大报告关于提升与创新社会治理的论述

（一）全面深化改革提升与完善社会治理

全面深化改革取得重大突破。蹄疾步稳推进全面深化改革，坚决破除各方面体制机制弊端。改革全面发力、多点突破、纵深推进，着力增强改革系统性、整体性、协同性，压茬拓展改革广度和深度，推出一千五百多项改革举措，重要领域和关键环节改革取得突破性进展，主要领域改革主体框架基本确立。中国特色社会主义制度更加完善，国家治理体系和治理能力现代化水平明显提高，全社会发展活力和创新活力明显增强。

民主法治建设迈出重大步伐。积极发展社会主义民主政治，推进全面依法治国，党的领导、人民当家作主、依法治国有机统一的制度建设全面加强，党的领导体制机制不断完善，社会主义民主不断发展，党内民主更加广泛，社会主义协商民主全面展开，爱国统一战线巩固发展，民族宗教工作创新推进。科学立法、严格执法、公正司法、全民守法深入推进，法治国家、法治政府、法治社会建设相互促进，中国特色社会主义法治体系日益完善，全社会法治观念明显增强。国家监察体制改革试点取得实效，行政体制改革、司法体制改革、权力运行制约和监督体系建设有效实施。

人民生活不断改善。深入贯彻以人民为中心的发展思想，一大批惠民举措落地实施，人民获得感显著增强。脱贫攻坚战取得决定性进展，六千多万贫困人口稳定脱贫，贫困发生率从百分之十点二下降到百分之四以下。教育

事业全面发展，中西部和农村教育明显加强。就业状况持续改善，城镇新增就业年均一千三百万人以上。城乡居民收入增速超过经济增速，中等收入群体持续扩大。覆盖城乡居民的社会保障体系基本建立，人民健康和医疗卫生水平大幅提高，保障性住房建设稳步推进。社会治理体系更加完善，社会大局保持稳定，国家安全全面加强。

坚持全面深化改革。必须坚持和完善中国特色社会主义制度，不断推进国家治理体系和治理能力现代化，坚决破除一切不合时宜的思想观念和体制机制弊端，突破利益固化的藩篱，吸收人类文明有益成果，构建系统完备、科学规范、运行有效的制度体系，充分发挥我国社会主义制度优越性。中国特色社会主义进入新时代，我国社会主要矛盾已经转化为人民日益增长的美好生活需要和不平衡不充分的发展之间的矛盾。我国稳定解决了十几亿人的温饱问题，总体上实现小康，不久将全面建成小康社会，人民美好生活需要日益广泛，不仅对物质文化生活提出了更高要求，而且在民主、法治、公平、正义、安全、环境等方面的要求日益增长。更加突出的问题是发展不平衡不充分，这已经成为满足人民日益增长的美好生活需要的主要制约因素。

同时十九大报告还指出，必须清醒看到，我们的工作还存在许多不足，也面临不少困难和挑战。主要是：发展不平衡不充分的一些突出问题尚未解决，发展质量和效益还不高，创新能力不够强，实体经济水平有待提高，生态环境保护任重道远；民生领域还有不少短板，脱贫攻坚任务艰巨，城乡区域发展和收入分配差距依然较大，群众在就业、教育、医疗、居住、养老等方面面临不少难题；社会文明水平尚需提高；社会矛盾和问题交织叠加，全面依法治国任务依然繁重，国家治理体系和治理能力有待加强；一些改革部署和重大政策措施需要进一步落实。这些问题，必须着力加以解决。

（二）提高保障和改善民生水平，加强和创新社会治理

让改革发展成果更多更公平惠及全体人民，坚持在发展中保障和改善民生。增进民生福祉是发展的根本目的。必须多谋民生之利、多解民生之忧，在发展中补齐民生短板、促进社会公平正义，在幼有所育、学有所教、劳有所得、病有所医、老有所养、住有所居、弱有所扶上不断取得新进展，深入开展脱贫攻坚，保证全体人民在共建共享发展中有更多获得感，不断促进人的全面发展、全体人民共同富裕。建设平安中国，加强和创新社会治理，维

护社会和谐稳定，确保国家长治久安、人民安居乐业。

完善公共服务体系，保障群众基本生活，不断满足人民日益增长的美好生活需要，不断促进社会公平正义，形成有效的社会治理、良好的社会秩序，使人民获得感、幸福感、安全感更加充实、更有保障、更可持续。

加强社会保障体系建设。按照兜底线、织密网、建机制的要求，全面建成覆盖全民、城乡统筹、权责清晰、保障适度、可持续的多层次社会保障体系。全面实施全民参保计划。完善城镇职工基本养老保险和城乡居民基本养老保险制度，尽快实现养老保险全国统筹。完善统一的城乡居民基本医疗保险制度和大病保险制度。完善失业、工伤保险制度。建立全国统一的社会保险公共服务平台。统筹城乡社会救助体系，完善最低生活保障制度。坚持男女平等基本国策，保障妇女儿童合法权益。完善社会救助、社会福利、慈善事业、优抚安置等制度，健全农村留守儿童和妇女、老年人关爱服务体系。发展残疾人事业，加强残疾康复服务。坚持房子是用来住的、不是用来炒的定位，加快建立多主体供给、多渠道保障、租购并举的住房制度，让全体人民住有所居。

坚决打赢脱贫攻坚战。让贫困人口和贫困地区同全国一道全面建成小康社会是我们党的庄严承诺。要动员全党全国全社会力量，坚持精准扶贫、精准脱贫，坚持中央统筹省负总责市县抓落实的工作机制，强化党政一把手总负责的责任制，坚持大扶贫格局，注重扶贫同扶志、扶智相结合，深入实施东西部扶贫协作，重点攻克深度贫困地区脱贫任务，确保到2020年我国现行标准下农村贫困人口实现脱贫，贫困县全部摘帽，解决区域性整体贫困，做到脱真贫、真脱贫。

打造共建共治共享的社会治理格局。加强社会治理制度建设，完善党委领导、政府负责、社会协同、公众参与、法治保障的社会治理体制，提高社会治理社会化、法治化、智能化、专业化水平。加强预防和化解社会矛盾机制建设，正确处理人民内部矛盾。树立安全发展理念，弘扬生命至上、安全第一的思想，健全公共安全体系，完善安全生产责任制，坚决遏制重特大安全事故，提升防灾减灾救灾能力。加快社会治安防控体系建设，依法打击和惩治"黄赌毒"黑恶势力、拐骗等违法犯罪活动，保护人民人身权、财产权、人格权。加强社会心理服务体系建设，培育自尊自信、理性平和、积极向上的社会心态。加强社区治理体系建设，推动社会治理重心向基层下移，发挥社会组织作用，实现政府治理和社会调节、居民自治良性互动。

二、二十大报告关于提升与创新社会治理的论述

（一）未来五年是全面建设社会主义现代化国家开局起步的关键时期

改革开放迈出新步伐，国家治理体系和治理能力现代化深入推进，社会主义市场经济体制更加完善，全过程人民民主制度化、规范化、程序化水平进一步提高，中国特色社会主义法治体系更加完善；基本公共服务均等化水平明显提升，多层次社会保障体系更加健全；平安中国建设扎实推进。

（二）坚持深化改革开放

深入推进改革创新，坚定不移扩大开放，着力破解深层次体制机制障碍，不断彰显中国特色社会主义制度优势，不断增强社会主义现代化建设的动力和活力，把我国制度优势更好转化为国家治理效能。

（三）加快建设法治社会

法治社会是构筑法治国家的基础。弘扬社会主义法治精神，传承中华优秀传统法律文化，引导全体人民做社会主义法治的忠实崇尚者、自觉遵守者、坚定捍卫者。建设覆盖城乡的现代公共法律服务体系，深入开展法治宣传教育，增强全民法治观念。推进多层次多领域依法治理，提升社会治理法治化水平。

（四）健全社会保障体系

社会保障体系是人民生活的安全网和社会运行的稳定器。健全覆盖全民、统筹城乡、公平统一、安全规范、可持续的多层次社会保障体系。完善基本养老保险全国统筹制度，发展多层次、多支柱养老保险体系。实施渐进式延迟法定退休年龄。扩大社会保险覆盖面，健全基本养老、基本医疗保险筹资和待遇调整机制，推动基本医疗保险、失业保险、工伤保险省级统筹。促进多层次医疗保障有序衔接，完善大病保险和医疗救助制度，落实异地就医结算，建立长期护理保险制度，积极发展商业医疗保险。加快完善全国统一的社会保险公共服务平台。健全社保基金保值增值和安全监管体系。健全分层分类的社会救助体系。坚持男女平等基本国策，保障妇女儿童合法权益。完

善残疾人社会保障制度和关爱服务体系，促进残疾人事业全面发展。

（五）提高公共安全治理水平

坚持安全第一、预防为主，建立大安全大应急框架，完善公共安全体系，推动公共安全治理模式向事前预防转型。推进安全生产风险专项整治，加强重点行业、重点领域安全监管。提高防灾减灾救灾和重大突发公共事件处置保障能力，加强国家区域应急力量建设。强化食品药品安全监管，健全生物安全监管预警防控体系。加强个人信息保护。

（六）完善社会治理体系

健全共建共治共享的社会治理制度，提升社会治理效能。在社会基层坚持和发展新时代"枫桥经验"，完善正确处理新形势下人民内部矛盾机制，加强和改进人民信访工作，畅通和规范群众诉求表达、利益协调、权益保障通道，完善网格化管理、精细化服务、信息化支撑的基层治理平台，健全城乡社区治理体系，及时把矛盾纠纷化解在基层、化解在萌芽状态。加快推进市域社会治理现代化，提高市域社会治理能力。强化社会治安整体防控，推进扫黑除恶常态化，依法严惩群众反映强烈的各类违法犯罪活动。发展壮大群防群治力量，营造见义勇为社会氛围，建设人人有责、人人尽责、人人享有的社会治理共同体。

土地征收对犯罪率的影响效应研究

本书梳理了城乡土地二元制度形成的典型事实，并且分析发现目前的征地制度，一方面因为征地补偿金额过低引发的征地矛盾、冲突及农民的持续维权提高了违法事件发生的概率，另一方面征地补偿金额过低导致被征地农民的收入及生活水平下降，扩大了失地农民和城市居民的收入差距，增加了失地农民从事非法活动的概率。同时，在研究中本书采用理论分析与实证分析方法相结合，实证分析注重使用最小二乘法（OLS）和二阶段最小二乘法（2SLS）等多种计量方法的使用，以期获得更为稳健、精确的研究结论；以上是本书的一点学术贡献。接下来的部分安排如下：第一节是经验事实、文献与研究假说，第二节是模型、方法与数据，第三节是假说检验与估计结果讨论，第四节是进一步分析，第五节是结论与启示。

第一节　经验事实、文献与研究假说

一、城市土地二元制度与土地征收的典型事实

1982 年《中华人民共和国宪法》第 10 条规定，城市土地属于国家所有，农村和城市郊区的土地，除由法律规定属于国家所有的以外，属于集体所有，至此中国城市土地的国有制和农村土地的集体所有制的二元土地制度被宪法确认（刘守英，2014）。而市县地方政府变成土地征收的唯一实施主体和唯一供地主体，政府垄断征收成为将集体土地转变为建设用地的唯一途径（王克稳，2016）。

从图 4-1 可以看出，从 2006~2012 年，中国征地数量整体上增长较快，

只有 2013 年以后才开始下降。地方政府主导的大规模的征用农业用地往往补偿金额低或补偿金额不到位，一方面容易激起被征地农民的持续维权，另一方面农民土地被低价征收后容易导致失地农民失业和收入下降，因此将会对犯罪率产生影响。以下部分我们将结合犯罪理论详细分析土地征收如何影响犯罪率的。

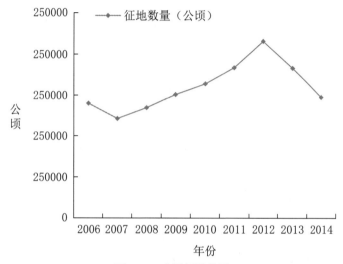

图 4-1　中国征地数量

数据来源：《中国城市建设年鉴》

二、土地征收与犯罪率

大规模的土地征收造成失地农民失业和收入下降，从而对犯罪率产生影响，以下将具体分析。

土地是农民最重要的资产，也是农民的基本生活保障。土地被征收后，一部分青年农民将不得不外出打工，但当宏观经济不景气导致他们无工可打失业时，回乡又无地可种，他们将失去基本的生活保障；另一部分青年农民在本地从事一些不固定的工作或商业，处于半失业状态，无法满足可持续的生计保障。而绝大多数中老年农民在土地被征收后，由于年龄大又无专业技能，基本处于失业状态。然而，目前被征地农民的完善统一的社会保障还没有真正建立起来，因此，被征地农民的社会保障水平依然很低且不完善，并不能解决他们的后顾之忧，存在着较大的系统风险（潘付拿、黄健元，2015）。

犯罪理论中社会环境决定论指出可以从政治经济因素以及由此所决定的社会世界来发现犯罪现象产生的原因。犯罪三元论指出犯罪都是由自然因素、人类学因素和社会因素相互作用形成的，其中社会因素是犯罪产生的最重要原因（Enrico，1996）。征地制度等社会经济因素造成了失地农民的收入差距与城市居民收入差距扩大，增加了失地农民从事违法活动的概率。

假说：大规模的土地征收及对农民征地补偿过低，引起失地农民持续的维权；同时导致被征地农民的收入水平及生活水平下降，扩大了失地农民和城市居民的收入差距，这都增加了失地农民犯罪的概率。因此，土地征收活动的增加能够推动犯罪率的上升。

第二节　模型、方法与数据

一、模型与方法

1. 基准计量模型

依据以上理论模型，本书构建以下回归模型，采用传统的最小二乘法（OLS）估计方法对本书的研究假说进行验证。

$$CRM_{dt} = \beta_0 + \beta_1 ELQ_{dt} + \beta_2 X_{dt} + \phi_d + \varphi_t + \eta_{dt} \tag{1}$$

其中，被解释变量 CRM_{dt} 表示市 d 在 t 时期的刑事犯罪率，中国法院的刑事判决数量主要取决于检察院的起诉及批捕数量和公安机关的刑事立案数量（程建新等，2016）。因此，中国法院、检察院和公安局的犯罪记录数据横向和纵向都高度相关[1]。鉴于数据的可得性，我们选用检察院起诉率作为犯罪率的替代指标，用城市检察院起诉人数比常住人口得出。ϕ_d 表示城市固定效应，φ_t 表示时间固定效应，β_0 至 β_2 是待估系数，η_{dt} 是随机扰动项。另外，对于绝对量变量都采用取对数处理。

主要解释变量 ELQ_{dt} 表示城市 d 在 t 时期的征地数量。目前，尽管存在土地征收的相关条例和文件，但实践中各个城市对土地征收补偿不透明且随意性较大，因此我们选用城市政府的征用农村土地数量来度量土地征收活动。《中国城市建设年鉴》统计了各城市征地数量，但有的年份数据缺失，我们用插值法补全缺失数据。

控制变量 PIN_{dt} 表示城市 d 在 t 时期的农村人口人均可支配收入，可支配收入的缺乏将会使人陷入困境，困境中人有可能失去理性，从而走向犯罪，从而影响了城市的犯罪率。POP_{dt} 表示城市 d 在 t 时期的常住人口数量，城市常住人口数量越多，外来流动人口就会越多，犯罪率就可能越高。$GGDP_{dt}$ 表示市 d 在 t 时期的 GDP 增长速度，GDP 的增长从吸引大量外来人口进入城市和增加人们收入及民众幸福感两方面影响犯罪率。UNE_{dt} 表示城市 d 在 t 时期的城镇登记失业人数，城镇失业率每上升 1% 导致犯罪率上升约 3%（陈硕，2012）。URB_{dt} 表示城市 d 在 t 时期的城市化水平，城市化引发空间环境变化，引起经济社会结构变革，带来城市犯罪的因素大量增多（李锡海，2009）。DEN_{dt} 表示城市 d 在 t 时期的人口密度，陈硕指出人口密度增加可以带来犯罪率的上升（Long 等，2012）。EDU_{dt} 表示市 d 在 t 时期的教育水平，用城市每万人中在校大学生数量度量教育水平。

2. 工具变量（IV）估计

在式（1）中，因为数据的限制可能存在遗漏变量问题，遗漏变量带来的内生性问题可能导致 OLS 估计结果存在偏误。控制内生性问题的一个有效方法是找一个与主要解释变量高度相关但独立于被解释变量的工具变量（IV）并进行相关估计。因此设定以下工具变量模型，运用 2SLS 估计方法进一步考察控制内生性后征地活动对犯罪率的影响。

$$ELQ_{dt} = \beta_0 + \beta_1 CLA_{dt} + \beta_2 X_{dt} + \phi_d + \varphi_t + \eta_{dt} \tag{2}$$

$$CRM_{dt} = \beta_0 + \beta_1 ELQ_{dt} + \beta_2 X_{dt} + \phi_d + \varphi_t + \eta_{dt} \tag{3}$$

其中，式（2）为一阶段估计方程，工具变量 CLA_{dt} 表示城市所在省的城市建设用地面积滞后一期。式（3）为二阶段估计方程，各变量含义与式（1）相同。

本书选取省级层面城市建设用地面积滞后一期作为工具变量。其主要理由，一是城市需要的建设用地面积越多，显然需要更多的征地转化为城市建设用地，因此其与征地数量高度正相关。二是城市建设用地面积主要影响的是城市的房地产、工业和公共服务等行业，显然不会直接影响犯罪率。我们使用省级层面城市建设用地面积滞后一期更进一步弱化了其与犯罪率的关系。三是要寻找严格意义上独立于被解释变量且与解释变量高度相关的工具变量通常比较困难，Morgan（2002）提出只要和其他方法估计量进行比较和相互补充，就可以更大胆地去使用工具变量。因此，省级层面城市建设用地面积滞后一期是一个可以接受的工具变量。

二、数据来源与描述性统计

本书选取了全国 238 个地级城市作为样本城市，搜集了样本城市从 2011-2015 年共 5 年的数据。数据主要来源于《中国城市建设年鉴》、《中国城市统计年鉴》、《中国国土资源统计年鉴》、《中国统计年鉴》、各省市年鉴和地方检察院工作报告。表 4-1 对各个变量进行了概括的描述性统计：

表 4-1　变量描述性统计

	变量	观测数	均值	最小值	最大值
	犯罪率（人/万人）	1190	9.240	2.474	37.753
	征地数量（公顷）	1190	8.037	0.020	154.790
农民特征变量	农民人均收入（元）	1190	9267.877	2428	27214
	常住人口数量（万人）	1190	466.415	23.300	2425.100
	GDP 增速（%）	1190	11.603	−15.950	22.650
城市特征变量	失业人数（人）	1190	27602.140	32	600501
	城市化水平（%）	1190	34.844	4.710	100
	人口密度（人）	1190	460.754	5	2616
	教育水平（人/万人）	1190	467.817	8.97	2215.530

第三节　假说检验与估计结果讨论

一、基准面板模型估计结果讨论

本书采取将农民特征变量和城市特征变量逐步引入模型进行回归，表 4-2 报告了主要解释变量对犯罪率的回归结果。在基准模型中，主要运用了 OLS 方法进行估计。第（1）列没有控制其他解释变量，回归结果表明征地数量对犯罪率的影响正显著，征地数量每上升 1%，将会推动犯罪率提高 0.866%。

第（2）列引入了农民特征变量农民人均收入，回归结果仍然正显著，但回归系数明显变小，征地数量每上升 1%，将会推动犯罪率提高 0.421%。第（3）列引入了城市特征变量控制变量后，回归结果仍然正显著，征地数量每上升 1%，将会推动犯罪率提高 0.372%。因此，研究假说得到证实。但是 OLS 估计可能存在内生性，从而导致估计结果存在偏误。因此，下文将接着考察控制内生性之后的估计结果。

表 4-2　基准面板模型估计结果

解释变量	被解释变量：犯罪率		
	（1）OLS	（2）OLS	（3）OLS
征地数量	0.866 ***	0.421 ***	0.372 **
	(0.151)	(0.148)	(0.156)
农民特征变量		控制	控制
城市特征变量			控制
城市固定效应	控制	控制	控制
年份固定效应	控制	控制	控制
样本量	1190	1190	1190
R^2	0.0479	0.173	0.243

注：*、** 和 *** 分别代表显著性水平为 10%、5% 和 1%，括号内的值为标准误。

二、工具变量（IV）估计结果讨论

为更加准确的估计征地活动的代理变量征地数量对犯罪率的影响，使用省级层面城市建设用地面积滞后一期作为征地数量的工具变量，运用 2SLS 来估计征地数量对犯罪率的影响。使用工具变量的前提是存在内生解释变量，为此首先要进行内生性检验，表 4-3 显示第（1）-（4）列的内生性检验 P 值在均 1% 的显著性水平上拒绝"所有解释变量均为外生"的原假设，印证了使用工具变量的必要性。其次要考察工具变量的有效性，第（1）-（4）列的第一阶段 F 统计量均值远远大于 10，拒绝"弱工具变量"的假设。尽管不存在弱工具变量，仍然使用对弱工具变量不敏感的有限信息最大似然法（LIML）进行估计，以增强结果的稳健性。

表4-3报告了使用工具变量后征地数量对犯罪率的回归结果。第（2）和（4）列即控制了农民特征变量又控制了城市特征变量，2SLS和LIML的估计结果几乎完全一样，因此主要报告即控制了农民特征变量又控制了城市特征变量后2SLS的估计结果。在控制了其他解释变量后，征地数量对犯罪率的影响正显著，征地数量每上升1%，将会推动犯罪率上升0.420%。回归结果明显大于表4-2第（3）列中控制内生性前征地数量对犯罪率的回归结果，说明内生性导致低估了征地数量对犯罪率的影响。因此研究假说进一步得到证实。

这主要是因为：（1）征地数量的增加将会导致征地双方冲突事件发生概率的增加，而征地双方冲突事件发生概率的增加可能会直接带来违法事件增多。（2）农民的土地被征收以后，失去了基本的生活保障，且由于失地农民大多知识和技术结构老化，他们又很难找到合适的工作。同时由于征地补偿金额较低，不足以保障失地农民持久的生活水平不下降。因此，失地农民数量的增多，将会带来失地农民持久收入和生活水平的下降，在失地农民社会保障不完善的现实情况下，容易增加失地农民参加违法活动的概率，从而提高了犯罪率。

表4-3　工具变量（IV）估计结果

解释变量	被解释变量：犯罪率			
	（1）2SLS	（2）2SLS	（3）LIML	（4）LIML
征地数量	1.175***	0.420*	1.175***	0.420*
	(0.312)	(0.217)	(0.312)	(0.217)
农民特征变量		控制		控制
城市特征变量		控制		控制
城市固定效应	控制	控制	控制	控制
年份固定效应	控制	控制	控制	控制
样本量	1190	1190	1190	1190
R^2	0.313	0.213	0.313	0.213
内生性检验（P值）	0.000	0.000	0.000	0.000
F检验	280.254	138.686	280.254	138.686

注：*、**和***分别代表显著性水平为10%、5%和1%，括号内的值为标准误。

三、稳健性检验

1. 犯罪率的不同度量指标检验

表4-3 中的被解释变量犯罪率的数据是用检察院起诉率度量的，下面再运用检察院批捕率度量犯罪率进行稳健性检验。同时为了减少缺失数据对估计结果的影响，删除了有缺失数据的城市，共计 211 个城市。为了控制内生性，我们仍然选用省级层面城市建设用地面积滞后一期作为工具变量，并进行 2SLS 估计。

表4-4 显示第（1）-（4）列的内生性检验 P 值在均 1% 的显著性水平上拒绝 "所有解释变量均为外生" 的原假设，因此这印证了使用工具变量的必要性。其次要考察工具变量的有效性，第（1）-（4）列的第一阶段 F 统计量均值远远大于 10，拒绝 "弱工具变量" 的假设。第（2）和（4）列在控制了其他解释变量后，征地数量对犯罪率的影响正显著，征地数量每上升 1%，将会推动犯罪率上升 0.308%。与表4-3 的估计结果相差不大，这验证了表4-3 估计结果的稳健性。

表 4-4　犯罪率的不同度量指标检验

解释变量	被解释变量：犯罪率			
	（1）2SLS	（2）2SLS	（3）LIML	（4）LIML
征地数量	0.659**	0.308*	0.659**	0.308*
	(0.255)	(0.148)	(0.255)	(0.148)
农民特征变量		控制		控制
城市特征变量		控制		控制
城市固定效应	控制	控制	控制	控制
年份固定效应	控制	控制	控制	控制
样本量	1055	1055	1055	1055
R^2	0.313	0.179	0.313	0.179
内生性检验（P 值）	0.000	0.000	0.000	0.000
F 检验	281.139	137.775	281.139	137.775

注：*、** 和 *** 分别代表显著性水平为 10%、5% 和 1%，括号内的值为标准误。

2. 征地数量的不同度量指标检验

表4-3中主要解释变量征地数量的数据来自《中国城市建设年鉴》。我们再运用《中国国土资源统计年鉴》统计的各城市每年新增建设用地供应量近似度量征地数量进行稳健性检验。同时为了减少缺失数据对估计结果的影响，删除了有缺失数据的城市，共计211个城市。为了控制内生性，仍然选用省级层面城市建设用地面积滞后一期作为工具变量，并进行2SLS估计。

表4-5 征地数量不同度量指标检验

解释变量	被解释变量：犯罪率			
	(1) 2SLS	(2) 2SLS	(3) LIML	(4) LIML
征地数量	1.871***	2.331***	1.871***	2.331***
	(0.329)	(0.442)	(0.329)	(0.442)
农民特征变量		控制		控制
城市特征变量		控制		控制
城市固定效应	控制	控制	控制	控制
年份固定效应	控制	控制	控制	控制
样本量	1055	1055	1055	1055
R^2	0.043	0.221	0.043	0.221
内生性检验（P值）	0.000	0.000	0.000	0.000
F检验	2078.180	1029.290	2078.180	1029.290

注：*、**和***分别代表显著性水平为10%、5%和1%，括号内的值为标准误。

表4-5显示第（1）-（4）列的内生性检验P值在均1%的显著性水平上拒绝"所有解释变量均为外生"的原假设，因此这印证了使用工具变量的必要性。其次要考察工具变量的有效性，第（1）-（4）列的第一阶段F统计量均值远远大于10，拒绝"弱工具变量"的假设。第（2）和（4）列在控制了其他解释变量后，征地数量对犯罪率的影响在1%水平上正显著，征地数量每上升1%，将会推动犯罪率上升2.331%。与表4-3的估计结果相比，估计结果影响方向相同但系数变大，同时显著性增强。这进一步验证了表4-3估计结果的稳健性。

第四节　进一步分析

一、分地区分析

东部地区经济发展较快，对土地需求也较多，征地数量也较多，因此东部地区土地征收活动对犯罪率的影响与其他地区可能也不同，下面我们将全国 238 个城市中的东部地区[1]城市设为 1，其他地区城市设为 0，并与征地数量交叉相乘，研究不同地区土地征收对犯罪率的影响。

表 4-6　分地区分析

解释变量	被解释变量：犯罪率			
	（1）2SLS	（2）2SLS	（3）LIML	（4）LIML
征地数量	0.045 (0.095)	-0.127 (0.093)	0.045 (0.095)	-0.127 (0.093)
农民特征变量		控制		控制
城市特征变量		控制		控制
城市固定效应	控制	控制	控制	控制
年份固定效应	控制	控制	控制	控制
样本量	1190	1190	1190	1190
R^2	0.100	0.206	0.100	0.206
内生性检验（P 值）	0.000	0.000	0.000	0.000
F 检验	8233.680	6842.400	8233.680	6842.400

注：*、** 和 *** 分别代表显著性水平为 10%、5% 和 1%，括号内的值为标准误。

表 4-6 显示第（1）-（4）列的内生性检验 P 值在均 1% 的显著性水平上拒绝"所有解释变量均为外生"的原假设，因此这印证了使用工具变量的必要性。其次要考察工具变量的有效性，第（1）-（4）列的第一阶段 F 统计

---

[1]　东部地区包括北京、河北、天津、山东、江苏、上海、浙江、福建、广东和海南包含的城市。除此之外的城市属于其他地区。

量均值远远大于 10，拒绝"弱工具变量"的假设。第（2）和（4）列在控制了其他解释变量后，征地数量对犯罪率的影响不显著，因此，东部地区土地征收活动对犯罪率的影响与其他地区没有显著区别。可能是因为，尽管东部地区征地较多，但东部地区经济实力较强，征地补贴也较高。同时政府法治意识较强，更倾向于依法征地，因此，不一定会提升被征地对象的犯罪概率。

二、分城市分析

省会城市和副省级城市经济发展较快，对土地需求也较多，征地数量也较多，因此省会城市和副省级城市土地征收活动对犯罪率的影响与其他城市可能也不同，下面我们将全国 238 个城市中的省会城市和副省级城市设为 1，其他城市设为 0，并与征地数量交叉相乘，研究不同城市土地征收活动对犯罪率的影响。

表 4-7 显示第（1）-（4）列的内生性检验 P 值在均 1% 的显著性水平上拒绝"所有解释变量均为外生"的原假设，因此这印证了使用工具变量的必要性。其次要考察工具变量的有效性，第（1）-（4）列的第一阶段 F 统计量均值远远大于 10，拒绝"弱工具变量"的假设。第（2）和（4）列在控制了其他解释变量后，征地数量对犯罪率的影响不显著，因此，省会城市和副省级城市的土地征收活动对犯罪率的影响与其他城市没有显著区别。

表 4-7　分城市分析

解释变量	被解释变量：犯罪率			
	（1）2SLS	（2）2SLS	（3）LIML	（4）LIML
征地数量	0.381 *** （0.095）	0.082 （0.126）	0.381 *** （0.095）	0.082 （0.126）
农民特征变量		控制		控制
城市特征变量		控制		控制
城市固定效应	控制	控制	控制	控制
年份固定效应	控制	控制	控制	控制
样本量	1190	1190	1190	1190
R^2	0.036	0.205	0.036	0.205

解释变量	被解释变量：犯罪率			
	(1) 2SLS	(2) 2SLS	(3) LIML	(4) LIML
内生性检验（P 值）	0.000	0.000	0.000	0.000
F 检验	37364	18249	37364	18249

注：*、** 和 *** 分别代表显著性水平为 10%、5% 和 1%，括号内的值为标准误。

第五节　结论与启示

运用 OLS 和 2SLS 估计方法对研究说进行验证，并进一步验证了不同地区、不同城市的土地征收活动对犯罪率的影响。得出以下主要结论：控制了其他解释变量后，征地数量对犯罪率的影响正显著，征地数量每上升 1%，将会推动犯罪率上升 0.420%。并且运用不同指标度量犯罪率和征地数量后，结果依然稳健。东部地区和省会城市及副省级城市的土地征收活动对犯罪率的影响与其他地区没有显著区别。

以上结论的政策含义是显而易见的，为了遏制城市犯罪率的快速上升，也更是为了创造更加和谐的社会，使民众生活更加幸福稳定。首先，确立土地的农民处置权，以减少地方政府大规模的征地运动，维护农民的正当、合法权益。其次，尽快出台全国性的以保障农民的土地权益为核心的征地有关法规，督促地方政府减少征地数量，提高征地补偿金额，尽快为失地农民建立完善统一、广覆盖和较高水平的社会保障体系，为失地农民建立一个兜底的社会安全网，这不仅有利于减少犯罪率，而且也对社会的和谐稳定发展至关重要。最后，全国统一规划，制定可行有效的实施步骤，逐步消除现存的以户籍制度和土地制度为代表的城乡二元制度，这不仅能促进社会的和谐稳定，而且能为社会经济长久、持续的发展奠定基础。

城市社会保障二元结构对犯罪率的
影响效应研究

　　十九大报告指出，坚持全面深化改革，必须坚持和完善中国特色社会主义制度，不断推进国家治理体系和治理能力现代化，坚决破除一切不合时宜的思想观念和体制机制弊端，突破利益固化的藩篱，吸收人类文明有益成果，构建系统完备、科学规范、运行有效的制度体系，充分发挥我国社会主义制度优越性。中国特色社会主义进入新时代，我国社会主要矛盾已经转化为人民日益增长的美好生活需要和不平衡不充分的发展之间的矛盾。我国稳定解决了十几亿人的温饱问题，总体上实现小康，不久将全面建成小康社会，人民美好生活需要日益广泛，不仅对物质文化生活提出了更高要求，而且在民主、法治、公平、正义、安全、环境等方面的要求日益增长。更加突出的问题是发展不平衡不充分，这已经成为满足人民日益增长的美好生活需要的主要制约因素。

　　尽管改革开放以来，中国经济取得了举世瞩目的成就。然而随着经济的发展，社会矛盾也越来越突出，这导致了中国的犯罪率一直居高不下，特别是2009 年之后，中国犯罪率快速地跳升到一个更高的阶段；尤其是城市犯罪率上升更快，北京市公安机关立案数量从 2000 年的 82 849 件上升到 2014 年的153 334件，重庆市公安机关立案数量从 2000 年的 88 200 件上升到 2014 年的193 935 件[1]。犯罪问题关系的社会秩序的正常运行及普罗大众的日常生活，民众极为关注。因此，政府加大了对犯罪问题的治理力度，公安部门在 1996年、2001 年和 2010 年分别实施了三次大规模的严打，然而现实和理论的预期却相反，观察到过去 20 年几乎所有类型的犯罪率都经历了迅速增长（陈硕、章元，2014）。

---

　　〔1〕 数据来源：《中国统计年鉴》及各省市统计年鉴。

是什么原因导致了中国犯罪率特别是城市犯罪率的快速上升呢？学者们提出以下观点试图解释城市犯罪率的快速上升的原因：（1）城市化加快及流动人口增加。城市化的快速发展，加剧了城市人口数量问题的压力和矛盾、促进经济社会结构变革，使得诱发犯罪的因素大量增多，是导致我国犯罪数量大幅度上升的一个重要原因（李锡海，2009）。城市化加快导致流动人口增加，部分城市人口流动存在盲目性和不适应性，他们不能很好地融入当地的生活和工作，成为流入城市的不稳定因素，据统计2006年北京市流动人口为383.4万，仅当年上半年北京市公安局抓获的各类流动人口违法犯罪者就达17 538人，占全部抓获违法犯罪分子总数的72%（汪东升，2013）。（2）收入差距的扩大。全国居民收入差距、城乡居民收入差距及地区间收入差距的扩大都与违法犯罪活动增加密切相关（胡联合等，2005）；而且收入差距增加了暴力犯罪的比率（Judith and Peter，1982）。（3）失业率的上升。中国犯罪率的上升与城市登记失业率有关，城市登记失业率上升意味着民工失业率也可能在上升，城市居民和民工失业的增加都会直接推动犯罪率上升，而由于失业的民工缺乏最低生活保障和社会保险，他们会更加脆弱并更容易走向犯罪，因此，会更容易推动犯罪率的上升（章元等，2011）。（4）社会保障体系和社会福利条件的弱化是犯罪率持续上升的重要原因。中国经济快速增长的同时，中国的民生状况却令人越来越担忧，社会福利条件和社会保障体系不仅没有随着持续的经济增长而改善，反而出现了日渐弱化趋势（吕炜、王伟同，2008）；困扰绝大多数居民的看病难、养老难、购房难、就业难4大难题至今也没有缓和趋势，甚至越来越难以解决；犯罪率的恶化同社会福利条件的恶化表现出一致性变化趋势，难免不会令人将社会福利条件的弱化联想成中国犯罪率持续上升的一个重要根源（陈刚，2010）。

然而，以上一系列因素仅仅是导致犯罪率上升的表面因素和直接变量。那导致犯罪率上升的深层因素何在？本书梳理了城市社会保障二元结构形成的典型事实，并且分析发现城市社会保障二元结构导致城市外来流动人口很容易因疾病和失业而贫困，同时扩大了他们同城市户籍居民及稳定就业者的收入差距，导致他们很难融入城市并有很强的被排斥感、不公正感和挫折感，这些因素交织在一起提高了城市外来流动人口的犯罪概率，从而导致了中国城市犯罪率的上升。本书还进一步研究发现城市社会保障二元结构对外来流动人口的排斥，一方面直接地增加了城市外来流动人口的犯罪概率；另一方面导致他们更加容易因疾病及失业而贫困，当他们的可支配收入下降时，如果没有健全的失业保障体制来保护他们，就会间接地增加城市外来流动人口犯罪的可能性。同时，在研究中采用理论分析与实证分析方法相结合，实证分析注重使用空间计量模型和空间系统广义矩估计（SGMM）等多种计量方法的使用，以期获得更为稳健、精确的研究结论，以上是本书的一点学术贡献。本书的研究结论对发现中国犯罪率不断上升的根源，从而为从根源上解决中国犯罪率不断上升的问题提供了理论依据，因此，有一定的现实意义。接下来从以下几个方面展开分析研究，第一节是经验事实、文献与研究假说，第二节是模型、方法与数据，第三节是估计结果分析与讨论，第四节是传导机制分析，第五节是案例分析，第六节是小结。

第一节　经验事实、文献与研究假说

一、犯罪率的典型事实

1992 年中共十四大确立了社会主义市场经济制度之后，中国经济虽然经历了 1997 年亚洲金融危机，但总体上持续稳步增长。特别是中国加入 WTO 之后，经济步入了新一轮的快速增长周期。随着经济的快速、持续增长，全国居民人均收入和城镇居民人均可支配收入也迅速增长，分别从 2000 年的 4267 元和 6280 元增长到了 2015 年的 21 966 元和 31 195 元[1]。从一般规律来看，城市经济的发展和人均收入的增长应该能够减少城市的犯罪率，很多研究也都证实了这一点（陈屹立，2007）。

然而，从图 5-1 可以看出，中国检察院每万人起诉人数和每万人起诉案件数分别从 2000 年的 15.411 人/万人和 10.459 件/万人上升到了 2012 年的 20.162 人/万人和 13.764 件/万人，总体上呈现上升趋势，甚至在 2011-2012 年出现了跳跃式上升，2012 年之后才开始下降。

一方面中国宏观经济和居民人均收入快速增长，另一方面中国的犯罪率上升很快，很多研究都认为城市化带来的农业人口流入城市是导致犯罪率快速上升的主要原因（陈刚等，2009；陈硕，2012）。然而绝大多数民工进城的

---

〔1〕　数据来源：《中国统计年鉴》。

目的是就业，他们在城市就业后的收入比在农村的收入有较大的提高，于是就产生了一个问题，进城民工的合法收入水平比留在农村时提高很多，他们的犯罪倾向会比在农村时更高吗（章元等，2011）？同时中国广大农村地区相对于经济发达的城市犯罪率偏低（宋胜利等，2012），进城的农村劳动力大都是农村中文化素质相对高的人口，为何中国农村文化素质相对较高的人口进城后，收入有所提高的同时，犯罪率却上升了呢？本书认为城市化带来的农业人口流入城市仅仅是导致城市犯罪率上升的表面因素，深层因素是目前城市普遍推行的二元社会保障结构使得城市非户籍外来流动人口基本与各种保障及权利无缘，社会保障等福利权利的缺失造成他们很难融入城市并有很强的被排斥感、不公正感和挫折感。同时保障权利的缺失经常造成城市非户籍外来流动人口因病和失业致贫，降低了他们的可支配收入，如果没有健全的失业保障体制来保护他们，将导致他们与户籍居民及稳定就业者的收入差距进一步扩大，从而推动了城市犯罪率的上升。

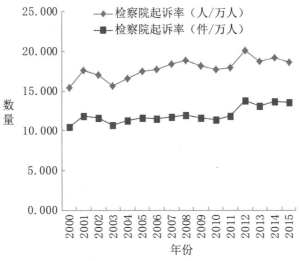

图5-1 检察院起诉率

数据来源：《中国统计年鉴》

二、城市社会保障新二元结构典型事实

目前，城市非户籍人口中农民工占了绝大多数。农民身份转化滞后于农

民就业转移，导致原有未破解的城乡二元结构进一步向城市延伸，农民身份转化滞后于农民就业转移，使得"外来农民工"及其家属不能与城市户籍从业人员及其家属享有同等的就业、就医、就学、住房、社会管理以及社会保障等权利和待遇，所以两者之间的差距无法从根本上消除（顾海英等，2011），因而在城市内部演化成户籍人口和非户籍人口之间的"二元结构"。因为现在绝大多数大城市的户籍落户制度及就学、就业、住房、医疗、失业救济等权利与社会保障挂钩[1]，因此城市二元结构的核心内容是社会保障问题。

1997 年 7 月、1998 年 12 月和 1999 年 1 月，国务院分别颁布了《国务院关于建立统一的企业职工基本养老保险制度的决定》、《国务院关于建立城镇职工基本医疗保险制度的决定》和《失业保险条例》，社会保障制度开始在城镇范围内逐步建立；后来随着 2003 年 1 月、2007 年 7 月和 2009 年 9 月国务院分别发布了《关于建立新型农村合作医疗制度的意见》、《国务院关于开展城镇居民基本医疗保险试点的指导意见》和《国务院关于开展新型农村社会养老保险试点的指导意见》（夏敬，2011），社会保障制度开始在全国范围内逐步建立。但是社会保障体系存在制度不统一、碎片化条块分割严重、保障水平低及保障范围有限等问题。目前，中国城市常住人口按缴纳社保状况可以分为以下几类：（1）城市户籍居民：享有机关事业单位养老保险及企业职工养老保险、城镇职工及城镇居民基本医疗保险和失业保险；（2）城镇非户籍人口中的有较为稳定工作单位的管理和技术人员：其享有与城镇户籍居民类似的社会保障，这部分人学历较高但在非户籍人口中比例不高；（3）城镇非户籍人口中没有稳定工作单位的常住人口：因为工作稳定性差、流动性大、自己缴纳社保额度太高，基本不能享有企业职工养老保险、城镇职工基本医疗保险和失业保险，这部分人口主要包括学历较低的外来城镇人口和农民工，我们定义这部分城市非户籍常住人口为城市外来流动人口。

城市户籍居民及城市非户籍人口中有较为稳定工作单位的管理和技术人员与城镇非户籍人口中没有稳定工作单位的常住人口因为社会保障的不同构成了城市社会保障的二元结构，进一步导致了两者在就学、就业、住房、医

---

[1] 上海规定，从 2016 年 4 月 5 日起非户籍人口累计交满 5 年社保是在上海购房的前提条件。持有《上海市居住证》累计满 7 年，及持证期间按规定参加本市城镇职工社会保险，正常缴费累计满 7 年，以及取得中级及以上专业技术职务任职资格或技师等条件，就可申请转为上海市户籍。

疗、失业救济等权利方面的巨大差异。

三、城市社会保障新二元结构与犯罪率

学历较低的外来城镇人口和农民工构成了城市非户籍常住人口的主力，这部分非户籍人口数量较多，从图 5-2 可以看出，从 2000-2015 年城市外来流动人口数量从 12 100 万增长到了 24 700 万，同时未参加城市养老保险和失业保险的人口数远远大于外来流动人口数，这显示外来流动人口参加城市养老保险和失业保险的很少。[1]可见城市外来流动人口绝大多数都没有参加城市社会保障，他们基本不能享有城市的就学、住房、医疗、失业救济等方面的权利。

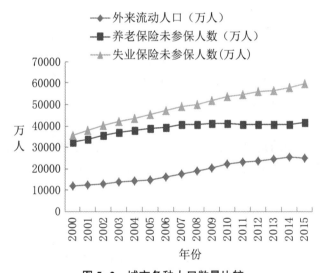

图 5-2　城市各种人口数量比较

数据来源：《中国统计年鉴》及作者计算

社会保障权利的缺失从以下几方面增加了城市外来流动人口犯罪的可能

---

　　[1]　2009 年 4 月 6 日《中共中央国务院关于深化医药卫生体制改革的意见》明确提出建立城乡一体化的基本医疗保障管理制度。之后各地纷纷推动本地城镇居民基本医疗保险制度和新型农村合作医疗制度的合并。因此，2009 年之后的城镇居民基本医疗保险制度的参保人数增长很快，但实际上包含了越来越多的原新农合参保人员。因此，本书主要选用城市养老保险未参保率和失业保险未参保率作为城市社会保障二元结构的代理指标，又考虑到城市外来流动人口因失业致贫而犯罪的可能性更大，故选择了失业保险未参保率作为城市社会保障二元结构的主要代理变量。

性：（1）社会保障等福利的缺失导致他们很容易因病和失业致贫。有些农民工可能在农村老家参加了新型农村合作医疗，但新农合报销比例相对较低且跨地区报销不便利，一旦城市外来流动人口及家属患了较大的病，高额的医疗费用让他们难以承受，调查显示医疗保障在上海农民工急需政府帮助解决的问题中排在首位（顾海英等，2011）。另外，城市外来流动人口工作稳定性差、流动性大致使其收入来源不稳定，因此城市外来流动人口经常因疾病和失业陷入经济困境，失业后缺乏生活保障和社会保险，他们会更加脆弱并更容易走向犯罪（章元等，2011），这增加了城市外来流动人口犯罪的可能性。现有的研究也证实了流动人口相对于当地居民而言之所以有较高的犯罪倾向，最主要原因是流动人口面临着比当地居民更差的福利状况（陈刚等，2009），社会福利条件的弱化是导致中国犯罪率持续上升的一个重要根源（陈刚，2010）。（2）社会保障等福利权利的缺失造成他们很难融入城市并有很强的被排斥感、不公正感和挫折感。生活在较低社会福利条件中的个人比较高社会福利条件中的个人具有更高程度的心理挫折感，因此，犯罪就是他们为提高经济条件和社会地位而采取的工具性行为（Holman 和 Quinn，1992）。同时，与富人区相邻的穷人区居民，由于看到富人的富有，自己又不能通过合法途径取得自己所期望的财富，于是感到社会不公正，这种不公正感促使他们可能诉诸犯罪手段去夺取他们认为自己应得的财富（Judith 和 Peter，1982）。这也增加了城市外来流动人口犯罪的可能性。（3）权利缺失扩大了他们与户籍居民及稳定就业者之间的收入差距。城市外来流动人口本来就因学历低，工作流动性大，导致他们收入低且来源不稳定。社会保障等权利的缺失导致他们的医疗、住房、子女就学等必要开支高于城市户籍人口及稳定就业者，从而使得他们的可支配收入更少，这就扩大了他们与城市户籍居民及稳定就业者的收入差距。收入差距的扩大使得穷人产生相对剥夺感，而这种相对剥夺感很容易诱发犯罪（王东升，2013），从而增加了城市外来流动人口犯罪的可能性。美国的数据表明收入差距与枪支及暴力犯罪有着很强的相关性和稳健的影响（Kennedy 等，1998；Kelly，2000）。此外，收入差距的扩大也是致使中国犯罪率持续上升的重要原因（陈春良、易君健，2009）。

　　总之，通过以上分析可以看出，城市户籍居民及非户籍稳定就业者与城市外来流动人口在社会保障方面存在明显的社会保障二元结构，一方面导致了城市外来流动人口更加容易因疾病及失业陷入困境，如果没有健全的社会保障体制来保护他们，将会直接地增加他们犯罪的可能性；另一方面社会保障二元结构造成了他们的可支配收入下降，扩大了他们与户籍居民及稳定就业者的收入差距，并且造成他们很难融入城市并有很强的被剥夺感，从而也增加他们犯罪的可能性。从图 5-3 也可以看出，中国城市的失业保险未参保率从 2000 年 77.327%上升到 2010 年的 80.030%，总体上呈现上升趋势。在失业保险未参保率的推动下，检察院起诉率从 2000 年的 15.441 人数/万人上升到了 2012 年的 20.162 人数/万人，总体上呈现上升趋势但滞后于失业保险未参保率的上升趋势。失业保险未参保率在 2010 年之后开始下降，以后基本呈现下降趋势。在失业保险未参保率的带动下，检察院起诉率在 2012 年达到高点之后开始下降。因此，犯罪率与城市失业保险未参保率总体趋势一致，但有一定的滞后性。通过以上分析，我们可以得出以下研究假说：

假说 1：城市外来流动人口与城市户籍居民及非户籍稳定就业者之间，因为社会保障的不同而存在的城市社会保障二元结构增加了外来流动人口犯罪的可能性，从而推动了犯罪率的上升。

假说 2：城市社会保障二元结构一方面导致了城市外来流动人口更加容易因疾病及失业陷入困境，直接地增加了外来流动人口的犯罪概率；另一方面导致他们可支配收入下降，扩大了他们与户籍居民及稳定就业者的收入差距，这也增加了外来流动人口犯罪的可能性。

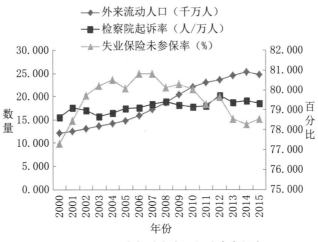

图 5-3　犯罪率与城市失业保险未参保率

数据来源：《中国统计年鉴》及作者计算

第二节　模型、方法与数据

一、空间动态面板模型

大多有关犯罪率的研究都假定各地区之间的犯罪率相对独立，没有考虑犯罪的跨地区外溢现象，但程建新等（2016）的研究证实不同地区之间的犯罪率存在空间效应。因此，我们运用空间滞后模型（*SAR*）和空间误差模型（*SEM*）计量分析控制了地区间犯罪的空间效应之后各变量对犯罪率的影响。另外，静态面板计量模型估计可能遗漏被解释变量的滞后期的影响，同时犯罪率与其影响因素之间可能存在潜在双向因果关系，这些都有可能导致内生性。因此，我们构建空间动态面板模型进行估计，对犯罪的时间滞后效应、空间效应及与其影响因素之间的潜在双向因果关系加以控制。下面仅列出 *SAR* 模型。

$$CRM_{dt} = \alpha_0 + \rho W \cdot CRM_{dt} + \alpha_1 CRM_{d,\,t-1} + \alpha_2 UIR_{dt} + \alpha_3 HJR_{dt} + \alpha_4 GGDP_{dt} +$$
$$\alpha_5 UNE_{dt} + \alpha_6 URB_{dt} + \alpha_7 DEN_{dt} + \alpha_8 PFE_{dt} + \alpha_9 EDU_{dt} + \lambda_d + \omega_t + \mu_{dt} \qquad (1)$$

其中，被解释变量 CRM_{dt} 表示城市 d 在 t 时期的犯罪率，数据表明公安、检察院和法院的犯罪记录数据不仅横向高度相关（陈硕，2012），而且纵向也高度相关，因此中国公、检、法三大刑事司法机关的犯罪记录没有明显优劣，检察院的起诉和批捕数量和法院的刑事判决数量主要取决于公安机关的刑事立案数量（程建新等，2016），而且检察院作为法律监督机构将对公安机关的刑事立案进行审查，认为构成刑事犯罪的才起诉和批捕。从中国的现实情况来看，检察院起诉和批捕以后，法院基本都会进行有罪判决，因此我们选用检察院起诉人数比常住人口数量得出的检察院起诉率（起诉人数/万人）来度量犯罪率。W 是空间权重矩阵，ρ 是空间自回归系数，反映了在地理空间上邻接区域对本区域犯罪的空间溢出效应。λ_d 表示城市固定效应，ω_t 表示时间固定效应，μ_{dt} 是随机扰动项。

主要解释变量 UIR_{dt} 表示城市 d 在 t 时期的失业保险未参保率，用城市常住人口减去失业保险参保人数再比城市常住人口得出。这里主要考虑到城市外来流动人口因疾病和失业致贫而犯罪的可能性更大，但城镇居民基本医疗保险制度的参保人数实际上包含了越来越多的原新农合参保人员，这导致其无法度量城市社会保障二元结构，故选择了城市失业保险未参保率作为主要解释变量城市社会保障二元结构的代理变量。

本书结合有关影响犯罪率的经典文献，将模型的控制变量设定如下：（1）户籍人口率（HJR_{dt}），用城市户籍人口比城市常住人口得出。外来流动人口呈现半融入半社会化的特征（李强，2011），其工作生活的不平衡增加了防御漏洞，家庭的不完整也使得外来流动人口群体相对弱势，使得自身被侵害的机会相对较多。另一方面，在外打拼的辛苦会使一部分人意志动摇，在理性的计算驱动下，成为非法活动者（程建新等，2016）。因此城市外来流动人口越少，犯罪率可能越低，故城市户籍人口率对犯罪率有一定的影响。（2）国内生产总值增长速度（$GGDP_{dt}$）。GDP 的增长一方面带来企业投资规模的扩大，吸引外来人口大量进入城市，从而提高了犯罪率；另一方面，也意味着经济的繁荣、人们收入的增加及民众幸福感的增强，这将会减少犯罪率。（3）每万人城镇登记失业人数（UNE_{dt}）。城镇失业率每上升 1% 导致犯罪率上升约 3%，如果考虑到城镇登记失业率严重低估了真实的失业率，失业率对犯罪率的影响可能更大（陈刚等，2009），尽管只统计了城镇登记失业人数，而没有统计常住人口中的失业人数，但基于数据的可得性，我们还是引入每万人中城镇登记失业人数来代替失业指标。（4）城市化水平（URB_{dt}）。城市化促进了经济社会结构变革，加剧了文化冲突，引发空间环境发生变化，因而使诱发城市犯罪的因素大量增多（李锡海，2009）。另外，城市化水平提高也意味着人们生活水平和文明素质的提高，也可能减少犯罪的可能性。（5）城市人口密度（DEN_{dt}）。人口密度增加可能导致犯罪率上升（陈硕，2012），因此我们将人口密度设为控制变量。（6）人均公共财政支出数量（PFE_{dt}）。一方面公共财政支出中的司法支出数量和司法支出比重对犯罪率有显著影响（陈硕、章元，2014）；另一方面，公共财政支出中的民生支出数量和民生支出比重影响民生的改善，从而对也会犯罪率产生影响，因此我们将人均公共财政支出数量引入模型。（7）教育水平（EDU_{dt}）。用城市每万人中在校大学生数量代替，教育水平提高了民众的时间偏好度及风险厌恶程度，会对犯罪产生影响（Lochner 和 Moretti，2004），故将教育水平也设为控制变量。

空间权重矩阵（W）的选取。空间权重矩阵表征空间单元之间的相互依赖关系与关联程度。为对中国市域犯罪率的空间关联特征予以较为准确地反映，本书采用地理距离公路空间权重矩阵（W），其元素 w_{ij} 表示城市 i 与城市 j 最近公路里程的倒数。以城市间最近公路里程的倒数作为权重元素，不仅能反映区域间的实际空间距离，而且还能一定程度上反映出地形和经济发展差距的影响。

二、估计方法

对于空间模型（1）的估计，我们首先运用最大似然估计（MLE）方法估计 SAR 模型和 SEM 模型的随机效应和固定效应。但是 MLE 估计量存在三个缺陷，首先，MLE 估计量可能计算不方便。其次，空间计量模型 MLE 估计量的大样本理论尚不健全。再次，如果扰动项不服从独立同分布的正态分布，则 MLE 估计量可能不一致（陈强，2014）。因此，Kelejian 和 prucha（2010）提出利用工具变量通过广义矩估计（GMM）来估计带空间自回归误差项的空间自回归模型，并且 Arraiz 等（2010）的模拟表明 IV 估计量在异方差情况下也是一致的，故也更为稳健。此外，系统广义矩估计（$SGMM$）通常被视为解决内生性问题的一种有效方法，即使不引入外部工具变量，$SGMM$ 也能够从变量的时间趋势变化中选取合适的工具变量，这是其一大优势所在（Elhorst，2014）。另外，$SGMM$ 通常可以通过 Sargan 检验对工具变量的有效性和合理性进行判断。由于过长的时间跨度会产生过多的工具变量，所以 $SGMM$ 适用于截面单位多而时间跨度小（大 N 小 T 型）的面板数据。本书 227 个城市 5 年的面板数据样本可以很好地满足这一要求。因此，我们再采用空间 $SGMM$ 进行估计，然后比较控制了内生性前后空间计量模型估计结果的合理性。

三、数据来源与描述性统计

本书选取了全国 227 个地级城市作为样本城市，搜集了样本城市从 2011-2015 年共 5 年的数据。数据主要来源于《中国统计年鉴》、《中国区域经济统计年鉴》、《中国城市统计年鉴》、各省市的统计年鉴和地方检察院工作报告。表 5-1 对各个变量进行了概括的描述性统计。

表 5-1 变量描述性统计

变量	观测数	均值	最小值	最大值
检察院起诉率（起诉人数/万人）	1135	10.323	0.880	170.210
检察院批捕率（批捕人数/万人）	1135	6.660	0.580	39.070
失业保险未参保率（%）	1135	0.894	0.447	0.984
人均可支配收入对数	1135	9.757	7.065	10.870
户籍人口率（%）	1135	102.311	19.791	151.382
GDP 增速（%）	1135	10.319	−15.950	22.650
万人失业人数（人）	1135	136.889	5.530	3157.690
城市化水平（%）	1135	36.281	4.470	100
人口密度对数	1135	5.850	1.629	7.882
人均公共财政支出对数	1135	8.800	6.925	11.736
万人在校大学生数对数	1135	5.423	2.194	7.703

第三节 估计结果分析与讨论

一、空间动态面板模型估计结果

表 5-2 显示了空间动态面板模型的估计结果。可以看出，*Hausman* 检验显示，对于 *SAR* 模型和 *SEM* 模型均应选用固定效应（*FE*）估计方法。*SAR* 模型和 *SEM* 模型 *FE* 方法估计的主要解释变失业保险未参保率的系数分别是 0.070 和 0.067，且均显著。但是，最大似然（*MLE*）估计并没有控制内生性，而模型可能因为遗漏变量等原因存在内生性，因此，我们进一步分析控制了内生性的 *SGMM* 的估计结果。可以看出，与 *SAR* 模型和 *SEM* 模型的估计结果相比，*SGMM* 估计结果变小，因而内生性问题使得 *MLE* 估计高估了失业保险未参保率对犯罪率的影响，因此我们选用动态空间面板模型，并利用 *SGMM* 对内生性问题予以控制的做法是必要且合理的。下文我们重点关注 *SGMM* 的估计结果。

接下来我们判断 *SGMM* 的估计结果的合理性，*Sargan* 统计量不显著，这

表明 *SGMM* 估计不存在工具变量过度识别的问题，工具变量是合理有效的。另外，从 *Wald* 检验的结果来看，模型的拟合效果很理想。*SGMM* 估计结果显示，空间地理距离权重矩阵下的空间滞后项系数在 5% 的水平上正显著，印证了中国城市之间的犯罪率存在显著的空间效应，即在空间（地理距离）上相近城市的犯罪率在空间上表现出集聚效应。这是因为：（1）中国各地级城市之间的交通越来越方便，联系越来越密切，相互影响越来越强。（2）一个城市对犯罪活动的严厉打击，可能会迫使一些惯犯流窜到邻近其他城市继续从事犯罪活动。同时一些犯罪分子在一个城市作案后，为了躲避公安的追捕，可能会逃到相近城市继续作案。因而，相近各地级城市之间的犯罪率存在很强的空间集聚效应。

表 5-2 中的模型（5）显示，控制空间效应之后 *SGMM* 估计的失业保险未参保率对犯罪率的影响系数为 0.038 且显著，表明失业保险未参保率每增加 1%，犯罪率将会增加 0.038%。这可能是因为：（1）未参加失业保险的城市外来流动人口由于社会保障二元结构的阻碍造成他们并未融入所在城市，生活状态脆弱，一旦失业将会减少他们的可支配收入，恶化他们的生活和生存状况，从而增加他们为了生存而铤而走险违反法律的概率，章元等（2011）的研究也证实由于地方政府的各种最低生活保障和其他社会保障没有覆盖民工，民工在城市会更加脆弱，并具有更高的犯罪倾向。（2）现实中各城市的失业保险、医疗保险和养老保险构成了社会保障的主体，而且基本是捆绑缴纳，未参加失业保险也就基本意味着未参加社会保障，社会保障的缺失导致城市外来流动人口的住房、就业、就医、子女就学和救济等权利的缺失，恶化了城市外来流动人口的生活及生存条件，扩大了他们与户籍居民及稳定就业者的收入差距，使得城市外来流动人口产生相对剥夺感、被排斥感、不公正感和挫折感，加剧了他们心理的不平衡，因而也增加了城市外来流动人口犯罪的可能性，菲利 Enrico Ferri（1996）的研究也支持了社会因素是犯罪产生的一个重要原因。总之，以上结论证实了假说（1）提出的因为社会保障的不同而存在的城市社会保障二元结构推动了犯罪率的上升。

表 5-2 空间动态模型估计结果

解释变量	被解释变量：检察院起诉率				
	SAR 模型		SEM 模型		（5）空间 SGMM
	（1）RE	（2）FE	（3）RE	（4）FE	
空间系数	−0.372	0.022*	0.135*	0.279**	0.014**
	（0.133）	（0.012）	（0.067）	（0.110）	（0.005）
检察院起诉率（t−1）	0.105	−0.004	0.060	−0.039	−0.262**
	（0.065）	（0.062）	（0.063）	（0.075）	（0.126）
失业未参保率	0.044***	0.070***	0.044***	0.067***	0.038***
	（0.004）	（0.010）	（0.005）	（0.010）	（0.007）
户籍人口率	−0.033***	−0.027**	−0.034***	−0.026**	−0.016*
	（0.011）	（0.012）	（0.011）	（0.012）	（0.009）
GDP 增速	−0.058	−0.063	−0.051	−0.081	−0.088
	（0.059）	（0.058）	（0.060）	（0.061）	（0.091）
每万人失业人数	0.001*	0.000	0.001*	0.000	0.003**
	（0.000）	（0.001）	（0.000）	（0.001）	（0.001）
城市化水平	−0.018	−0.007	−0.018	−0.007	−0.003
	（0.015）	（0.028）	（0.015）	（0.028）	（0.047）
人口密度	−0.697*	−6.498	−0.713*	−5.871	2.276**
	（0.374）	（5.364）	（0.379）	（5.386）	（1.052）
人均公共财政支出	2.005***	1.964*	1.960***	2.664**	1.051**
	（0.726）	（1.064）	（0.746）	（1.229）	（0.440）
教育水平	0.049	0.130	0.223	0.254	0.267
	（0.213）	（0.237）	（0.217）	（0.236）	（0.340）
常数项	37.227***		32.890***		2.026***
	（0.739）		（10.915）		（0.683）
时间固定效应	控制	控制	控制	控制	控制
城市固定效应	控制	控制	控制	控制	控制
样本量	1135	1135	1135	1135	908
R²	0.249	0.150	0.248	0.163	
Hausman 检验（P）	11.890		−293.030		
	（0.156）		（−）		
Log L	−3582.330	−3296.330	−3583.340	−3295.585	−2662.280

续表

解释变量	被解释变量：检察院起诉率				(5) 空间 SGMM
	SAR 模型		SEM 模型		
	(1) RE	(2) FE	(3) RE	(4) FE	
Wald 检验（P）					70.479 (0.000)
Sargan（P）					49.199 (0.105)
Moran 指数（P）			0.676 (0.049)		

注：***、** 和 * 分别代表显著性水平为 1%、5% 和 10%，括号内的值为标准误。

户籍人口率对犯罪的影响负显著，城市外来流动人口构成了非户籍人口的主体，户籍人口率越高，非户籍人口数量越少，城市外来流动人口也就越少，因而会降低犯罪率，而陈硕（2012）的研究也证实外来人口比率对犯罪率有明显正向影响。每万人失业人数对犯罪的影响正显著，失业会使得人们生活陷入绝境，可能会铤而走险，增加了犯罪的可能性，陈刚等（2009）研究也证实城镇失业率每上升 1% 导致犯罪率上升约 3%。人口密度对犯罪的影响正显著，陈硕（2012）的研究也证实了人口密度增加可导致犯罪上升。人均公共财政支出对犯罪的影响正显著，可能是因为公共财政支出中直接用于基础设施投资的较多，带来了经济的增长和流动人的增多，从而增加了犯罪事件发生的概率，因此，其对犯罪的影响可能正显著。

二、稳健性检验

表 5-2 中的被解释变量犯罪率数据来自检察院起诉率。我们再运用检察院批捕率作为犯罪率的替代指标进行稳健性检验。从表 5-3 可以看出，Hausman 检验显示，对于 SAR 模型和 SEM 模型均应选用 FE 估计方法。SAR 模型和 SEM 模型 FE 方法估计的失业保险未参保率的系数均正显著。我们进一步考察控制了内生性的 SGMM 估计结果，SGMM 估计结果显示 Sargan 统计量不显著，这表明 SGMM 估计不存在工具变量过度识别的问题，工具变量是合理有效的。另外，从 Wald 检验的结果来看，模型的拟合效果很理想。SGMM 估计结果显示，空间地理距离权重矩阵下的空间滞后项系数在 1% 的水

平上正显著，这进一步印证了中国城市之间的犯罪率存在显著的空间集聚效应。

表 5-3　稳健性检验

解释变量	被解释变量：检察院批捕率				
	SAR 模型		SEM 模型		(5) 空间 SGMM
	(1) RE	(2) FE	(3) RE	(4) FE	
空间系数	-0.448*	0.423**	0.401*	0.913***	0.028***
	(0.225)	(0.171)	(0.211)	(0.049)	(0.006)
检察院批捕率（t-1）	-0.053***	-0.056***	-0.059***	0.044	0.294***
	(0.017)	(0.015)	(0.015)	(0.122)	(0.054)
失业未参保率	0.027***	0.026***	0.028***	0.023***	0.042***
	(0.002)	(0.006)	(0.003)	(0.006)	(0.003)
控制变量	控制	控制	控制	控制	控制
时间固定效应	控制	控制	控制	控制	控制
城市固定效应	控制	控制	控制	控制	控制
样本量	1135	1135	1135	1135	908
R^2	0.356	0.349	0.378	0.299	
Hausman 检验（P）	-175.01 (-)		-232.167 (-)		
Log L	-2277.929	-1784.629	-2486.722	-3295.585	-1350.585
Wald 检验（P）					362.861 (0.000)
Sargan（P）					23.413 (0.137)
Moran 指数（P）			0.747 (0.045)		

注：***、**和*分别代表显著性水平为 1%、5%和 10%，括号内的值为标准误。

模型（5）显示，控制了空间效应和内生性之后，SGMM 估计的失业保险未参保率对犯罪率的影响系数为 0.042 且显著，与表 5-2 的结果相差不大。这基本验证了估计结果的稳健性。

三、分地区分析

由于东部地区和其他地区经济发展水平不同，社会保障的强度和力度也不同，因此东部地区社会保障二元结构对犯罪率的影响与其他地区可能也不同，下面我们将全国 227 个城市分为 77 个东部地区城市和 150 个其他地区城市[1]，分别研究社会保障二元结构对犯罪率的影响。从表 5-4 可以看出，东部地区城市和其他地区城市的空间 SGMM 估计结果均显示，Sargan 统计量不显著，Wald 检验则非常显著，从而表明工具变量的选取是合理有效的，模型的拟合效果也比较理想。东部地区城市和其他地区城市的空间系数分别在 10% 和 1% 水平上都显著为正，进一步证明无论东部地区还是其他地区城市，中国城市间的犯罪发生均有很强的空间集聚效应。

表 5-4 分地区空间动态面板模型估计结果

解释变量	被解释变量：检察院起诉率	
	77 个城市空间地理距离权重矩阵（W）	155 个城市空间地理距离权重矩阵（W）
	（1）东部地区：SGMM	（2）其他地区：SGMM
空间系数	0.056* (0.030)	0.037*** (0.002)
检察院起诉率（t-1）	0.227*** (0.083)	0.180* (0.097)
失业保险未参保率	0.969* (0.481)	1.332* (0.68)
控制变量	控制	控制
时间固定效应	控制	控制
城市固定效应	控制	控制
样本量	385	600
Wald 检验（P）	33.812 (0.002)	23.739 (0.008)

---

[1] 东部地区包括北京、河北、天津、山东、江苏、上海、浙江、福建、广东和海南包含的城市。除此之外的城市属于其他地区。

续表

解释变量	被解释变量：检察院起诉率	
	77 个城市空间地理距离 权重矩阵（W）	155 个城市空间地理距离 权重矩阵（W）
	（1）东部地区：SGMM	（2）其他地区：SGMM
Sargan（P）	103.000 （0.085）	42.685 （0.277）
Moran 指数（P）	0.882 （0.038）	0.941 （0.035）

注：***、**和*分别代表显著性水平为 1%、5%和 10%，括号内的值为标准误。

东部地区城市和其他地区城市社会保障二元结构对犯罪率的影响系数分别为 0.969 和 1.332 且都在 10%水平上显著，可以看出，东部地区城市社会保障二元结构对犯罪率的影响显著地小于其他地区城市。可能的原因是，东部地区和其他地区的社会保障强度和力度不同导致，东部地区社会保障水平综合得分远高于中西部地区（李琼等，2018），同时东部地区城市的失业保险未参保率平均为 0.847，而其他地区城市的失业保险未参保率平均为 0.918[1]，相对其他地区城市，东部地区城市失业保险未参保率较低，说明东部地区城市失业保险保障力度较大。因此，东部地区城市社会保障二元结构对犯罪率的影响小于其他地区。

第四节　传导机制分析

上文实证研究表明，城市社会保障二元结构提高了犯罪率，本部分将进一步尝试对假说的成因，即社会保障二元结构提高犯罪率的形成机制进行解释。研究假说 2 的逻辑是，城市社会保障二元结构对城市外来流动人口的排斥，一方面造成他们容易因疾病及失业陷入困境，直接地增加了城市外来流动人口的犯罪概率；另一方面减少了他们的可支配收入，扩大了他们与户籍居民及稳定就业者的收入差距，从而间接地增加了城市外来流动人口犯罪的可能性。另外，在不同阈值条件下，这些中介变量对社会保障新二元制度与

---

[1]《中国城市统计年鉴》及作者计算。

犯罪率之间的关系会产生什么影响。有鉴于此，下面将分别从直接效应、间接效应和门限面板模型三方面对假说2的逻辑进行讨论和检验。

一、直接效应

城市社会保障二元结构影响犯罪率的直接效应是指城市社会保障二元结构对城市外来流动人口的排斥，直接地增加了城市外来流动人口的犯罪概率。（1）中国绝大多数城市把户籍和社会保障联系在一起，缴纳社保是获得城市户籍的基本前提。但是由于工作稳定性差、流动性大以及自己缴纳社保额度太高，绝大多数城市外来流动人口基本都不会缴纳社保，这就使得城市外来流动人口很难获得城市户籍，从而使得城市非户籍人口快速增加。（2）在中国的各个大城市，城市非户籍人口基本不能享受子女就学、就业、就医、保障房等基本权利，特别是城市非户籍人口中的主体外来流动人口基本与城市的各种保障权利无缘。因此，各种保障权利的缺失使得城市外来流动人口生存状态不稳定，贫困生活状态如影随形，这些都造成了城市外来流动人口在生存机会、社会资本、文化适应等方面的系统性劣势（程建新等，2016），从而增加了城市外来流动人口犯罪的可能性。另一方面，城市外来流动人口认为自己为这个城市付出了劳动，但是却不能得到与本地居民同等的待遇，认为自己要付出比本地居民更多的努力才有可能获得与本地居民同样的待遇，还要饱受本地居民的歧视和非议，这会造成他们有很强的相对剥夺感和不公正感（张海东、毕婧千，2014），这种相对剥夺感和不公正感可能会促使城市外来流动人口利用非法手段去获取他们认为自己应得的财富，这也会增加城市外来流动人口犯罪的可能性。

二、间接效应

城市社会保障二元结构影响犯罪率的间接效应是指城市社会保障二元结构对外来流动人口的排斥，导致他们的可支配收入下降，如果没有健全的失业保障体制来保护他们，就会扩大他们与户籍居民及稳定就业者的收入差距，间接地增加了城市外来流动人口犯罪的可能性。以下我们将用实证方法进行检验，在计量模型的设计上，我们主要参考黎文靖和李耀淘（2014）及孟庆玺等（2016）的做法，先考察解释变量对中介变量的影响，再将解释变量和中介变量交乘后纳入模型，考察其对被解释变量的影响，在研究方法上则主要使用控制了内生性的 *SGMM* 估计。

$$PIN_{dt} = \beta_0 + \beta_1 UIR_{dt} + \beta_2 X_{dt} + \kappa_t + \phi_d + \eta_{dt} \tag{2}$$

$$CRM_{dt} = \theta_0 + \theta_1 UIR_{dt} \times PIN_{dt} + \theta_2 UIR_{dt} + \theta_3 Y_{dt} + \upsilon_d + \varepsilon_t + \sigma_{dt} \tag{3}$$

其中，模型（2）的被解释变量是人均可支配收入 PIR_{dt}，X_{dt} 是控制变量。模型（3）是在模型（1）的基础上引入了 UIR_{dt} 及其与 PIN_{dt} 的交乘项 $UIR_{dt} \times PIN_{dt}$，我们重点关注失业保险未参保率与人均可支配收入交乘项的系数，如果失业保险未参保率与人均可支配收入交乘项的系数为正，就表明失业保险未参保率越高，通过影响人均可支配收入，而提高了犯罪率。Y_{dt} 是控制变量。

表 5-5 报告了失业保险未参保率通过影响人均可支配收入从而作用于犯罪率的回归结果。模型（1）和（2）中，AR（2）检验结果均显示可以接受扰动项无自相关的原假设，显示模型的随机误差项不存在序列相关。*Sargan* 过度识别检验的 P 值均显示可以在 5% 的显著水平上接受所有工具变量都有效的原假设，表明运用的工具变量不存在过度识别问题，可以进行 *SGMM* 估计。

模型（1）的失业保险未参保率估计系数负显著，表明失业保险未参保率越高，人均可支配收入越低。模型（2）的失业保险未参保率与人均可支配收入交乘项的估计系数在 10% 水平上正显著，表明失业保险未参保率越高，通过影响人均可支配收入，从而提高了犯罪率。当城市外来流动人口因为失业等导致可支配收入下降时，如果没有健全的失业保障体制来保护他们，就会扩大他们与户籍居民及稳定就业者的收入差距，收入差距的扩大使他们容易产生相对剥夺感，而这种相对剥夺感很容易提高他们的犯罪概率，现有的研究也证实了低收入和收入差距将导致犯罪参与的增加（Fleisher，1963；Brush，2007；Becker，1968）。反之，如果有一个健全的失业保障体制覆盖他们，即使由于失业而出现可支配收入水平下降，但是失业保险也能帮助他们，从而降低他们走向犯罪的可能性。

表 5-5　传导机制分析——*SGMM* 估计结果

解释变量	被解释变量	
	（1）人均可支配收入	（2）检察院起诉率
失业保险未参保率与人均可支配收入交乘项		0.655* (0.332)

续表

解释变量	被解释变量	
	（1）人均可支配收入	（2）检察院起诉率
失业保险未参保率	-0.586^{***}	6.128^{*}
	（0.110）	（3.149）
控制变量（X）	控制	
控制变量（Y）		控制
时间固定效应	控制	控制
城市固定效应	控制	控制
样本数	908	908
Wald 检验	5883.790	2815.350
	（0.000）	（0.000）
Sargan 检验	83.610	82.504
	（0.062）	（0.087）
AR（2）检验（P）	0.292	0.514

注：***、**和*分别代表显著性水平为1%、5%和10%，括号内的值为标准误。

三、传导机制分析：门限面板模型

本部分将进一步尝试对在不同阈值条件下，这些中介变量对社会保障新二元制度与犯罪率之间的关系会产生什么影响。为解决这个问题，我们运用门限面板方法对潜在中介变量进行识别和分析。

（一）门限面板模型：识别中介变量

Hansen（2000）提出门限回归计量方法，以严格的统计推断方法对门限值进行参数估计和假设检验，如门限面板回归模型。其优点是：该方法不需要给定非线性方程的形式，门限值其数量完全由样本数据内生决定；另外，该方法提供了一个渐近分布理论去建立待估参数的置信区间，同时，还可运用 bootstrap 方法来估计门限值的统计显著性（陈立中、张迪，2009）。

$$CRM_{dt} = \theta_0 + \theta_{11}MIQ_{dt} \cdot I(X_{dt} \leq \eta) + \theta_{12}MIQ_{dt} \cdot I(X_{dt} > \eta) + \theta_3 X_{dt} +$$
$$\lambda_{dt} + W_t \tag{4}$$

其中，θ_0 和 θ_3 是待估参数；θ_{11} 和 θ_{12} 分别为 MIQ_{dt} 在门限值两侧区制中对

CRM_{dt} 不同影响系数；η 是单一门限值，其他控制变量 X_{dt} 与式（1）相同。

依次将在上面表 5-2 和表 5-3 部分都验证对犯罪率有显著影响的非户籍人口数量、失业率和人均可支配收入变量作为门限变量进行门限效应检验。结果显示，只有非户籍人口数量变量在 15% 显著水平上存在单一门限效应，其单一门限值为 5.757%，这显示非户籍人口数量是医疗未参保率影响犯罪率的中介变量，这主要是因为非户籍人口的主体是城市外来流动人口，与医疗未参保率联系较为密切。失业率和人均可支配收入变量的门限效应 P 值未通过 15% 的显著性检验，可能的原因是失业率统计的是城市户籍人口的失业率，而人均可支配收入统计是城市常住人口（包含户籍和非户籍人口），显然两者与医疗未参保率的联系并不密切。

识别出门限中介变量后，运用门限变量进行门限回归分析，从而研究门限变量在其不同区制内对医疗未参保率与犯罪率的关系产生何种影响。表 5-6 显示，在非户籍人口数量处于低于和高于 5.757% 的两个区制内时，医疗未参保率对犯罪率分别呈现出不同的影响；当非户籍人口数量低于 5.757% 时，社会保障新二元制度的替代指标医疗未参保率对犯罪率的影响不显著；但是非户籍人口数量高于 5.757% 时，社会保障新二元结构的替代指标医疗未参保率每增长 1%，就会导致犯罪率增长 0.077%，且在 15% 水平上显著。通过以上分析，本部分第一个问题得到解答，非户籍人口数量交超过一定阈值时，医疗未参保率就会导致犯罪率增长。因此，非户籍人口数量在社会保障新二元制度与犯罪率关系中起着关键性作用。

依次将非户籍人口数量、失业率和人均可支配收入变量作为门限变量进行门限效应检验。结果显示，只有非户籍人口数量变量在 15% 显著水平上存在单一门限效应，其单一门限值为 5.757%，这显示非户籍人口数量是医疗未参保率影响犯罪率的中介变量，这主要是因为非户籍人口的主体是城市外来流动人口，与医疗未参保率联系较为密切。失业率和人均可支配收入变量的门限效应 P 值未通过 15% 的显著性检验，可能的原因是失业率统计的是城市户籍人口的失业率，而人均可支配收入统计是城市常住人口（包含户籍和非户籍人口），显然两者与医疗未参保率的联系并不密切。

表 5-6　中介变量检验估计结果

变量	门限变量
	非户籍人口数
医保未参保率 （非户籍人口数≤5.757%）	0.015 （0.052）
医保未参保率 （非户籍人口数≥5.757%）	0.077ᵃ （0.053）
失业未参保率	−0.824 （0.745）
非户籍人口数量	0.321*** （0.040）
GDP 增速	0.000 （0.000）
失业率	0.050*** （0.010）
人均可支配收入	−0.057* （0.033）
城市化水平	0.517*** （0.058）
人口密度	−1.141*** （0.133）
公检法支出数量	0.104*** （0.019）
教育水平	−0.046** （0.067）
常数项	10.713*** （1.384）
R^2	0.706
F 统计量（p）	288.980 （0.000）

注：*、**、***和 a 分别代表显著性水平为 10%、5%、1% 和 15%，括号内的值为标准差。

识别出门限中介变量后，运用门限变量进行门限回归分析，从而研究门限变量在其不同区制内对医疗未参保率与犯罪率的关系产生何种影响。表 5-

6 显示，在非户籍人口数量处于低于和高于 5.757% 的两个区制内时，医疗未参保率对犯罪率分别呈现出不同的影响；当非户籍人口数量低于 5.757% 时，社会保障新二元制度的替代指标医疗未参保率对犯罪率的影响不显著；但是非户籍人口数量高于 5.757% 时，社会保障新二元结构的替代指标医疗未参保率每增长 1%，就会导致犯罪率增长 0.077%，且在 15% 水平上显著。通过以上分析，本部分第一个问题得到解答，非户籍人口数量交超过一定阈值时，医疗未参保率就会导致犯罪率增长。因此，非户籍人口数量在社会保障新二元制度与犯罪率关系中起着关键性作用。

（二）空间面板模型：检验城市社会保障新二元结构如何影响中介变量

$$CRM_{dt} = \beta_0 + \beta_1 \rho W \cdot NHQ_{dt} + \beta_2 MIQ_{dt} + \beta_3 UIQ_{dt} + \beta_4 GGDP_{dt} + \beta_5 UNE_{dt} + \beta_6 PIN_{dt} + \beta_7 URB_{dt} + \beta_8 DEN_{dt} + \beta_9 EDU_{dt} + \lambda_d + \omega_t + \mu_{dt} \tag{5}$$

其中，被解释变量 NHQ_{dt} 表示城市 d 在 t 时期的非户籍人口数量；其他主要解释变量及控制变量的含义与式（1）相同。另外，对于绝对量变量都采用对数处理。

我们仍然使用空间面板模型检验城市社会保障新二元结构如何影响中介变量，表 5-6 显示了城市社会保障新二元制度的代理变量医保未参保率对中介变量非户籍人口数量的回归结果，其中 GMM 估计的空间系数不显著，且第一阶段回归的 F 统计量的 p 值不显著，很可能是变量不存在内生性，而使用了工具变量，致使 GMM 估计结果不准确。最大似然估计的 SAR 模型和 SEM 模型的空间系数都非常显著，且 SAR 模型和 SEM 模型的估计结果区别不大。

从表 5-7 可以看出，SAR 模型和 SEM 模型的固定效应和随机效应估计结果显示，城市社会保障新二元制度的代理变量医保未参保率对中介变量非户籍人口数量的回归系数都是正显著的，这表明随着医保未参保率的上升，城市的非户籍人口数量也日益增加，从而导致城市犯罪率的上升。然而，医保未参保率的上升是怎样具体地带来了城市非户籍人口数量的增加，又怎样进一步导致了城市犯罪率的上升呢？（1）中国绝大多数城市把户籍和社保联系在一起，缴纳社保是获得城市户籍的基本前提；但是由于因为工作稳定性差、流动性大以及自己缴纳社保额度太高，绝大多数城市外来流动人口基本都不会缴纳社保，这就使得城市外来流动人口很难获得城市户籍，从而使得城市非户籍人口快速增加。（2）在中国的各个大城市，城市非户籍人口基本不能享受子女就学升学、保障房等基本权利，特别是城市非户籍人口中的主体外来流动人口基本与城市的各种保障权利无缘；因此，各种保障权利的缺失使得城市外来流动人口可支配收入减少且生存状态不稳定，贫困生活状态如影随形，他们与户籍居民及稳定就业者的收入差距进一步扩大，这些都造成城市外来流动人口在生存机会、社会资本、文化适应等方面的系统性劣势（程建新等，2016），从而增加了城市外来流动人口犯罪的可能性。另一方面，城市外来流动人口认为自己为这个城市付出了劳动，但是却不能得到与本地居民同等的待遇，认为自己要付出比本地居民更多的努力才有可能获得与本地居民同样的待遇，还要饱受本地居民的歧视和非议，相对剥夺感会更加强烈（张海东、毕婧千，2014）；这种相对剥夺感可能会促使城市外来流动人口利用非法手段去获取他们认为自己应得的财富，这也会增加城市外来流动人口犯罪的可能性。

表5-7 医保未参保率对中介变量影响的估计结果

解释变量	被解释变量：非户籍人口数量				
	二进制连接空间权重矩阵（W1）				
	(1) SEM		(2) SAR		(3) GMM
	RE	FE	RE	FE	
空间系数	-0.248***	-0.251***	0.203***	0.185***	0.001
	(0.080)	(0.077)	(0.053)	(0.054)	(0.032)
医保未参保率	0.119*	0.115*	0.113*	0.106*	0.335***
	(0.058)	(0.056)	(0.058)	(0.056)	(0.071)
失业未参保率	-1.391	-1.287	-1.282	-1.206	-1.498***
	(1.262)	(1.256)	(1.261)	(1.245)	(0.288)
GDP增速	0.000	0.000a	0.000	0.000	0.000
	(0.000)	(0.000)	(0.000)	(0.000)	(0.000)
失业率	0.049***	0.048***	0.022**	0.022**	-0.094***
	(0.011)	(0.011)	(0.011)	(0.011)	(0.015)
人均可支配收入	0.233***	0.214***	0.202***	0.189***	0.765***
	(0.025)	(0.024)	(0.028)	(0.028)	(0.032)
城市化水平	-0.087	-0.073	-0.142**	-0.128**	-0.612***
	(0.063)	(0.061)	(0.063)	(0.062)	(0.047)

续表

解释变量	被解释变量：非户籍人口数量				
	二进制连接空间权重矩阵（W1）				
	（1）SEM		（2）SAR		（3）GMM
	RE	FE	RE	FE	
人口密度	1.320***	1.471***	1.132***	1.284***	0.639***
	(0.110)	(0.112)	(0.120)	(0.132)	(0.022)
教育水平	-0.002	-0.003***	-0.004	-0.003	-0.582***
	(0.018)	(0.017)	(0.019)	(0.019)	(0.020)
常数项	0.325		0.308***		5.095
	(1.494)		(1.452)		(1.472)
样本量	540	540	540	540	540
R²	0.771	0.772	0.786	0.785	
Hausman 检验	26.550		1.34		
	(0.001)		(0.995)		
Log L	57.117	165.432	59.483	165.956	-102.334
Wald 检验（P）					3162.412
					(0.000)
F 统计量（P）					0.001
					(0.981)

注：*、**、***和 a 分别代表显著性水平为 1%、5%、10% 和 15%，括号内的值为标准差。

第五节 小 结

改革开放以来，随着经济的发展，社会矛盾也越来越突出，这导致了中国的犯罪率一直居高不下，尤其是城市犯罪率上升更快。现有研究仅仅提出了城市犯罪率快速上升原因的表面因素和直接变量。本研究梳理了城市社会保障新二元结构形成的典型事实，并提出了因为社会保障的不同而存在的城市社会保障新二元结构增加了城市外来流动人口犯罪的可能性，从而推动了城市犯罪率的上升研究假说。然后运用固定效应模型（*FE*）、随机效应模型（*RE*）和空间计量模型对研究说进行验证，并进一步验证了城市社会保障新二元结构影响犯罪率的传导机制。得出以下主要结论。

1. 本研究提出的研究假说是成立的。控制了犯罪的空间效应后，城市社会保障二元结构的代理变量失业保险未参保率每增加1%，犯罪率将会增加0.038%。并且采用不同的犯罪率替代指标进行检验，结果依然稳定。另外，东部地区城市社会保障二元结构对犯罪率的影响显著地小于其他地区城市。

2. 城市社会保障二元结构对城市外来流动人口的排斥，一方面使他们更加容易因疾病及失业致贫，直接地增加了城市外来流动人口的犯罪概率；另一方面当失业等造成他们的可支配收入下降时，如果没有健全的失业保障体制保护他们，就会间接地增加城市外来流动人口犯罪的可能性。

3. 十九大报告指出，要蹄疾步稳推进全面深化改革，坚决破除各方面体制机制弊端。改革全面发力、多点突破、纵深推进，着力增强改革系统性、整体性、协同性，压茬拓展改革广度和深度，重要领域和关键环节改革取得突破性进展，主要领域改革主体框架基本确立。国家治理体系和治理能力现代化水平明显提高，全社会发展活力和创新活力明显增强。结合以上研究结论，为了遏制城市犯罪率的快速上升，也更是为了创造更加和谐的社会，使民众生活更加幸福稳定。

首先，尽快建立完善统一、广覆盖和较高水平的社会保障体系，为民众建立一个兜底的社会安全网，这不仅有利于减少犯罪率，而且在中国经济不断下滑的背景下，对社会的和谐稳定发展至关重要。

其次，在制定各种政策时，应遵照统一的原则，不再制造新的二元分割结构，甚至加大各种公共投入向弱势群体的倾斜幅度，以弥补他们过去为社会经济的发展付出的代价。

最后，全国统一规划，制定可行有效的实施步骤，逐步消除现存的以户籍制度为代表的城乡二元结构和城市新二元结构，这不仅能促进社会的和谐稳定，而且能为社会经济长久、持续的发展奠定基础。

低保救助制度减少犯罪率的效应研究

　　十九大报告指出，让改革发展成果更多更公平惠及全体人民，坚持在发展中保障和改善民生。增进民生福祉是发展的根本目的。必须多谋民生之利、多解民生之忧，在发展中补齐民生短板、促进社会公平正义，在幼有所育、学有所教、劳有所得、病有所医、老有所养、住有所居、弱有所扶上不断取得新进展，深入开展脱贫攻坚，保证全体人民在共建共享发展中有更多获得感，不断促进人的全面发展、全体人民共同富裕。建设平安中国，加强和创新社会治理，维护社会和谐稳定，确保国家长治久安、人民安居乐业。

　　进入新世纪以来，中国经济取得了举世瞩目的成就，然而社会矛盾也越来越突出，这导致了中国的犯罪率一直居高不下。中国检察机关起诉案件数从 2007 年的 711 144 件上升到 2015 年的 1 050 879 件，起诉人数从 2007 年的 1 029 050 件上升到 2015 年的 1 437 900 件[1]。犯罪问题关系的社会秩序的正常运行及普罗大众的日常生活，民众极为关注。

　　国内外学者提出了以下理论试图解释犯罪问题的形成与差异：（1）社会环境决定论指出可以从政治经济因素以及由此衍生的社会制度来发现犯罪现象发生的原因（曾赟，2009）。（2）社会支持理论对于我国转型时期的弱势群体犯罪，特别是对于城市流动人口犯罪具有一定的解释力：一是社会支持具有缓冲器的功能；二是社会支持可以培养人的利他观念或行为；三是社会支持可以改变一个人的行为方向；四是社会支持是社会控制有效性的前提条件；五是给予社会支持也可以减少犯罪的可能性（严励、岳平，2015）。（3）冲突学派把社会制度不公导致的经济资源分配和经济阶层间的不平等作为社会

---

　　[1]　数据来源：《中国统计年鉴》。

秩序冲突的来源（陈鹏忠，2009）。相对剥夺理论指出，那些由于其阶级而感觉受到了被剥夺的下层社会成员，容易产生不公平感和不满意感，他们逐渐变得不信任这个社会，不断的挫折会引起这个群体的攻击性和敌意，最终导致他们的暴力行为甚至犯罪（Judith 和 Peter，1982）。（4）制图学派使用地图描述犯罪的空间分布差异，并探讨形成差异的自然与社会原因，认为不同区域的犯罪率不同，犯罪与地区的人口、财富的集中程度及教育水平密切相关（杨英姿，2011）。

　　然而，是什么原因具体导致了中国的犯罪率快速上升呢？学者们提出以下观点试图解释犯罪率快速上升的原因：（1）城市化加快及流动人口增加（李锡海，2009）。（2）收入差距的扩大（胡联合等，2005）。（3）失业率的上升（章元等，2011）。（4）社会保障体系和社会福利条件的弱化（吕炜、王伟同，2008；陈刚，2010）。然而，除以上一系列因素之外，还有没有其他的导致犯罪率上升的直接因素呢？本书首先梳理了中国低保救助制度的相关文献发现，中国农村低保制度的瞄准机制存在失误，致使有相当部分低保对象的收入水平并不低于贫困线，同时也导致了一些农村低保资源分配给了非穷人（汪三贵、PARK，2010）。"收入贫困"人口仅获得31.86%的低保救助资源，相当一部分救助资源分配给了其他类型的贫困人口（刘凤芹、徐月宾，2016）。同时微观住户调查数据也证实45.2%社会救助享有家庭不具备救助资格（王增文、邓大松，2012）。本书又梳理了中国低保救助制度的事实发现，中国享受低保救助的总人数从 2011 年的 7582.5 万人减少到了 2015 年的6604.7 万人，2015 年比 2011 年减少了 977.8 万人[1]，2011 年之后中国低保救助规模不断缩小。

　　从以上分析可以看出，低保救助瞄准机制存在失误，导致该救助的贫困人口得不到救助。另外 2011 年之后低保救助规模不断缩小。低保救助目标的错误和救助规模的不断缩小使得很多贫困人口得不到救助，从而导致得不到救助的贫困人口生存经常陷入困境，增加了他们对社会和富裕群体的仇恨情绪，增加了他们违法犯罪的概率。在研究中本书采用理论分析与实证分析方法相结合，实证分析注重使用空间滞后模型（SAR）、空间误差模型（SEM）和空间广义系统矩估计（SGMM）等多种计量方法的使用，以期获得更为稳

---

〔1〕 数据来源：《中国社会统计年鉴》。

健、精确的研究结论。与现有文献相比，本书主要探讨了低保救助制度的重要性及其实施状况，然后运用较为精确的计量方法深入分析了低保救助制度对犯罪率的影响及不同地区的低保救助制度对犯罪率的不同影响，以上是本研究的一点学术边际贡献。本研究结论对发现中国犯罪率不断上升的直接原因，从而为解决犯罪率不断上升的问题提供了理论依据，因此，有一定的现实意义。接下来从以下几个方面展开分析研究，第一节是理论机制、经验事实与研究假说，第二节是模型、方法与数据，第三节是估计结果分析与讨论，第四节是传导机制分析，第五节是小结。

第一节 理论机制、经验事实与研究假说

一、低保救助制度与犯罪率

低保救助制度可以通过为贫困人口提供基本的生活救助，增加贫困人口的可支配收入，减少贫困人口数量，而贫困人口数量对犯罪率有直接和间接的影响，因此低保救助制度也会对犯罪率产生一定的影响，下面将具体分析。

（一）低保救助制度与贫困

低保是社会保障体系中的最后一张安全网，在资产审查的基础上，为处于生活困境中急需的人提供福利和服务，以助其达到基本生活水平（Gough等，1997），低保可以通过以下途径减少贫困。（1）通过低保救助为陷入困境中的贫困人口提供基本的生活救助。虽然低保金数额并不高，但是39.4%被访者把这份补助看作是至关重要的救命钱，45.7%的被访者认为能够大大改善生活状况（韩克庆、郭瑜，2012）。因此，低保救助可以为贫困人口提供最基本的生存保障，避免贫困人口陷入赤贫的绝境。（2）通过低保救助帮助贫困人口树立对未来生活的信心，重新步入正常生活轨道。低保救助制度保障了贫困家庭的基本生活，发挥了重要的兜底作用，在一定程度上，低保制度成为一种希望，一种安全感（韩克庆、郭瑜，2012）。因此，有了低保救助的兜底，贫困人口获得了安全感，重新树立起对未来生活的信心，努力寻找工作并获得稳定的收入，重新步入正常的生活轨道。

（二）贫困与犯罪率

贫困对犯罪的影响包括，一方面贫困直接降低了犯罪的机会成本，带来犯罪概率的增加，这是贫困影响犯罪的直接效应。另一方面贫困加大了社会的贫富差距，间接增加了贫困群体的犯罪概率，这是贫困影响犯罪的间接效应。

1. 赤贫导致犯罪机会成本降低。犯罪理论中社会环境决定论指出可以从政治经济因素以及由此衍生的社会制度来发现犯罪现象发生的原因（曾赟，2009）。贫困群体由于生活的极端贫困，他们为满足最基本的生存需求，犯罪成为他们求生的最好途径（王娟，2011），而且由于他们生存困难及生活困苦，他们犯罪后机会成本及付出代价很低，这大大增加了赤贫群体的犯罪概率。另外许多贫困人口因为生活设施简陋无法讲究卫生，容易引发各种疾病。同时，因为贫困人口收入很低且不稳定，平时没有或者储蓄很少，一旦生病且没有资金医治，就会恶化其生存处境，导致犯罪机会成本降低，增加其犯罪的概率。另外，犯罪的产生与经济状况存在着极为密切的直接关联性，生活贫困是犯罪产生的重要因素（王娟，2011）。而低保救助制度则直接提高了贫困人口的可支配收入，使他们有了一份尽管不多但较为稳定的兜底收入，避免了贫困人口陷入赤贫状态，使得贫困人口获得了安全感，重新树立起对未来生活的信心，重新步入正常的生活轨道。从而降低了贫困人口违法犯罪的概率。

2. 贫困容易引发贫困群体对社会及富裕人群的仇恨，增加其犯罪概率。冲突学派把社会制度不公导致的经济资源分配和经济阶层间的不平等作为社会秩序冲突的来源（陈鹏忠，2009）。Judith 和 Peter（1982）的相对剥夺理论指出，那些由于其阶级而感觉受到了被剥夺的下层社会成员，容易产生不公平感和不满意感，他们逐渐变得不信任这个社会，最终导致他们实施暴力行为甚至犯罪。一些贫困人口经常处于失业或半失业状态，导致其不仅追求财富的愿望破灭，甚至连基本的生活需求都难以保证，面对一些富裕人群较为丰富的物质文化生活，他们难免产生一种强烈的不平衡心理，从而可能引发其与周围人和社会的矛盾，当矛盾加剧到一定程度时就会诱发犯罪动机进而导致犯罪（张阳、刘德法，2012）。Fajnzylber 等（2002）的研究也证实收入差距的扩大将导致财产型及暴力型犯罪率的上升。而低保制度使得贫困人口有了一份尽管不多但较为稳定的兜底收入，避免了贫困人口陷入赤贫状态，从而一定程度上避免了极端的贫富差距，缓和了贫困群体对社会和富裕群体的仇恨心理，从而减少了贫困群体因为对社会和富裕群体的仇恨而违法犯罪的概率。

二、中国犯罪率的典型事实

以上分析显示，低保救助制度应该会降低犯罪率。从一般规律来看，随着社会保障体系的逐步完善，在民众越来越老有所养、病有所医及失业有保障情况下，犯罪率也应该逐步下降。然而我们观察到的中国犯罪率的事实却并不完全不符合理论预期。从图 6-1 可以看出，从 2006-2010 年，中国的检察院起诉率基本没有上升，但 2011 年增速突然加快，2013 年之后中国检察院起诉率都维持在一个较高的水平。那为何中国的社会保障体系并没有降低犯罪率呢？我们认为是中国的最低生活保障制度在推行中存在一些问题所致。

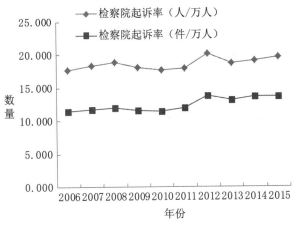

图 6-1　2006-2015 年检察院起诉率

数据来源：《中国统计年鉴》

三、低保制度的典型事实

1999 年和 2007 年国务院分别颁布了《城市居民最低生活保障条例》和《国务院关于在全国建立农村最低生活保障制度的通知》，中国的低保救助制度逐步建立（吴鹏森、戴卫东，2015）。图 6-2 显示，中国城市低保平均救助标准从 2006 年的 2035.2 元/人/年增加到了 2015 年的 5413.2 元/人/年，农村低保平均救助标准从 2006 年的 850.8 元/人/年增加到了 2015 年的 3177.6 元/人/年。不断提高的低保救助标准已经基本可以保障贫困人口的基本生活，因此，最低生活保障制度在保障贫困人口的基本生活方面起到了重要的作用。然而，中国享受低保的总人数从 2006 年的 3833.2 万人增加到了 2011 年的 7582.5 万人之后开始减少，2015 年中国享受低保的总人数为 6604.7 万人，比 2011 年减少了 977.8 万人。从以上分析可以看出，中国的最低生活保障制度在保障贫困人口的基本生活方面起到了重要的兜底作用，但是 2011 年之后，其救助规模却不断缩小。另外，由于低保是由地方政府具体执行并实施的扶贫工程，但因为地方政府财政实力和治理能力存在差异，导致低保的目标选择错误率较高，并未实现应保尽保。从 2006-2011 年中国低保享受人数增长了 97.83%，相应的检察院案件起诉率只增加了 1.58%；而从 2011-2015 年中国低保享受人数减少了 12.90%，相应的检察院案件起诉率大幅增加了 14.23%[1]。从而可以看出，低保享受人数与检察院案件起诉案件率负相关，低保享受人数的减少可能导致了检察院案件起诉率的大幅增加。因此，可能是 2011 年之后中国低保其救助规模的不断缩小及中国农村低保的目标选择错误率过高，致使很多实际贫困人口并没有真正得到低保救助，从而对 2011 年之后的犯罪率变化趋势产生了重要影响。

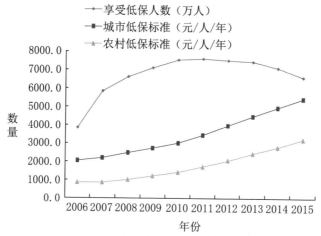

图 6-2　中国享受低保人数及低保标准

数据来源：《中国统计年鉴》和《中国社会统计年鉴》

───────

〔1〕　依据《中国统计年鉴》，笔者计算得出。

从图 6-3 也可以看出，从 2006-2010 年，中国的低保享受人数快速增长，与此相应，犯罪率基本没有上升。然而 2011 年之后，中国的低保享受人数开始持续下降，而相应的犯罪率也跃升到了更高的水平，因此，犯罪率与低保享受人数呈现一定的负相关关系。总之，通过以上分析我们可以得出以下研究假说：

假说：低保救助制度通过提高贫困人口的可支配收入从而减少赤贫人口数量，以及缩小了贫富差距，对犯罪率产生重要的影响作用，低保救助制度与犯罪率之间呈现负相关关系。

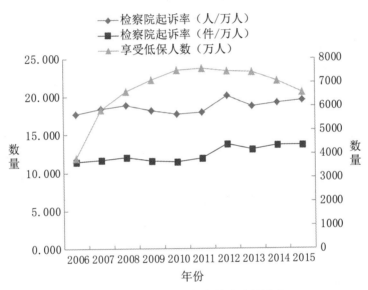

图 6-3　享受低保人数与检察院起诉率

数据来源：《中国统计年鉴》、《中国社会统计年鉴》及作者处理

第二节　模型、方法与数据

一、传统静态面板模型

根据前文的讨论，构建如下传统静态面板回归模型检验中国低保制度对犯罪率的影响。

$$CRM_{dt} = \beta_0 + \beta_1 LIQ_{dt} + \beta_2 X_{dt} + \phi_d + \varphi_t + \eta_{dt} \tag{1}$$

其中，被解释变量 CRM_{dt} 表示市 d 在 t 时期的刑事犯罪率，数据表明公安、检察院和法院的犯罪记录数据不仅横向高度相关（陈硕，2012），而且纵向也高度相关，因此中国公检法三大刑事司法机关的犯罪记录没有明显优劣（程建新等，2016）。我们选用检察院起诉率作为犯罪率的替代指标，用检察院起诉人数比常住人口得出。主要解释变量 LIQ_{dt} 表示城市 d 在 t 时期的低保享受人数。ϕ_d 表示城市固定效应，φ_t 表示时间固定效应，β_0 至 β_2 是待估系数，η_{dt} 是随机扰动项。

根据前文的思路并参考相关文献，我们对控制变量 X_{dt} 做出如下选择。(1) 人均可支配收入（PIN_{dt}）。可支配收入的缺乏将会使人陷入贫困状态，困境中人有可能失去理性，从而走向犯罪，从而影响了城市的犯罪率。因此，我们把人均可支配收入设定为影响犯罪率的控制变量，并预期其系数符号为负。(2) 贫富收入差距（GOW_{dt}）。贫富收入差距过大，使得贫困人口产生一种强烈的不平衡心理，从而对社会和富裕群体产生仇恨情绪，这种仇恨情绪加剧到一定程度时就会诱发犯罪动机进而导致犯罪。因此，我们把由城乡收入差距度量的贫富收入差距设定为影响犯罪率的控制变量，并预期其系数符号为正。(3) 常住人口数量（POP_{dt}）。城市常住人口数量越多，外来流动人口就会越多，对犯罪率影响就越大，因此将常住人口数量引入模型，并预期其系数符号为正。(4) GDP 增长速度（$GGDP_{dt}$）。GDP 的增长吸引外来人口大量进入城市，提高了犯罪率；同时经济的繁荣、人们收入的增加也会减少犯罪率，因此我们将 GDP 增长速度引入模型，并预期其对犯罪率的影响不确定。(5) 城镇登记失业人数（UNE_{dt}）。城镇失业率每上升 1% 导致犯罪率上升约 3%（陈刚等，2009），因此我们引入城镇登记失业人数来代替失业指标引入模型，并预期其系数符号为正。(6) 城市化水平（URB_{dt}）。城市化促进了经济社会结构变革，使诱发城市犯罪的因素增多（李锡海，2009）。因此我们将由城镇人口比重度量的城镇化水平引入模型，并预期其系数符号为正。(7) 人口密度（DEN_{dt}）。人口密度增加可导致犯罪上升（陈硕，2012），因此我们把单位面积的人口数度量的人口密度引入模型，并预期系数符号为正。(8) 公共财政支出数量（PFC_{dt}）。公共财政支出中的司法支出能减少犯罪率，公共财政支出中的民生支出影响民生的改善，从而对犯罪率产生影响，因此我们将公共财政支出数量引入模型，并预期其对犯罪率的影响为负。(9) 教育水平（DEU_{dt}），我们把城市每万人中在校大学生数量度量的教育水平引入模型，并预期系数符号为负。

对于计量模型（1）的估计，采用短面板模型经常使用的随机效应模型（RE）和固定效应模型（FE）估计。

二、空间动态面板模型

大多有关犯罪率的研究都假定各地区之间的犯罪率相对独立，没有考虑犯罪率的空间效应，但程建新等（2016）的研究证实不同地区之间的犯罪率存在空间效应。空间计量模型则可以通过将相邻地区相关变量的空间滞后项包括进来而弥补这一缺憾，能更完整地衡量犯罪问题。但空间静态面板模型估计可能遗漏了被解释变量的滞后期的影响，另外也可能因为遗漏变量导致有内生性。因此我们构建空间动态面板模型进行估计，对犯罪率的时间滞后效应、空间效应及变量内生性加以控制。

$$CRM_{dt} = \beta_0 + \beta_1 CRM_{d,\,t-1} + \rho WCRM_{dt} + \beta_2 LIQ_{dt} + \beta_3 X_{dt} + \kappa_d + \omega_t + \mu_{dt} \quad （2）$$

其中，解释变量 $CRM_{d,t-1}$ 表示城市 d 在 $t-1$ 时期的犯罪率。ρ 分别是空间滞后项系数，反映了在地理空间上邻接区域对本区域犯罪率的空间溢出效应。W 是空间权重矩阵，空间权重矩阵表征空间单元之间的相互依赖关系与关联程度。为对中国市域犯罪率的空间关联特征予以较为准确地反映，本书采用地理距离公路空间权重矩阵（W）：其元素 w_{ij} 表示 i 城市与 j 城市最近公路里程的倒数。

对于空间动态面板模型首先仍采用最大似然估计（MLE）方法估计空间计量模型的随机效应和固定效应。但是如果回归模型中出现了由遗漏变量等原因所导致的内生性问题，那么得到的回归结果就会出现偏误。Kelejian 和 prucha（2010）提出利用工具变量通过 GMM 来估计带空间自回归误差项的空间自回归模型（$SARAR$），并且 Arraiz 等（2010）的模拟表明 IV 估计量在异方差情况下也是一致的，故也更为稳健。因此，我们再采用系统广义矩估计（$SGMM$）法进行估计。另外，$SGMM$ 通常可以通过 $Sargan$ 检验对工具变量的有效性和合理性进行判断。

三、数据来源与描述性统计

本书搜集了全国 227 个地级城市从 2011-2015 年共 5 年的数据。数据主要来源于《中国统计年鉴》、《中国城市统计年鉴》和地方检察院工作报告。表 6-1 对各个变量进行了概括的描述性统计：

表 6-1　变量描述性统计

变量	观测数	均值	最小值	最大值
检察院公诉率（人/万人）	1135	10.320	0.880	170.210
检察院批捕率（人/万人）	1135	6.660	0.580	39.070
低保享受人数（人）	1135	205474	4256	1581928
人均可支配收入（元）	1135	18097	1171	52583
贫富收入差距（元）	1135	14095	364	34060
常住人口数量（万人）	1135	481	23.300	3016.550
GDP 增速（%）	1135	10.406	−15.950	22.650
失业人数（人）	1135	29414	1229	850365
城市化水平（%）	1135	36.281	4.470	100
人口密度（人/平方公里）	1135	472	5	2648
财政支出水平（万元）	1135	3600749	167839	61915601
教育水平（人/万人）	1135	369.403	8.97	2215.530

第三节　估计结果分析与讨论

一、传统静态面板模型估计结果及讨论

表 6-2 给出了传统静态面板模型估计结果，短面板模型经常使用的随机效应模型（RE）和固定效应模型（FE）的豪斯曼（Hausman）检验显示应该采用 FE 估计方法，但其估计结果不显著，这与我们的预期不符。因此，采用传统的静态面板模型很可能存在估计偏误，还有必要在考虑时间滞后效应、空间效应和内生性的条件下进行进一步的稳健性估计。

表 6-2 基本面板模型估计结果

解释变量	被解释变量：犯罪率	
	(1) RE	(2) FE
低保享受人数	-0.061**	-0.041
	(0.029)	(0.040)
控制变量	控制	控制
年份固定效应	控制	控制
城市固定效应	控制	控制
样本量	1135	1135
R²	0.752	0.628
Hausman 检验	-131.510	
	(-)	

注：***、**和*分别代表显著性水平为1%、5%和10%，括号内的值为标准误。

二、空间动态面板模型

表 6-3 显示空间动态面板模型的估计结果。*Hausman* 检验显示，对于 *SAR* 模型和 *SEM* 模型仍然均应选用 *FE* 估计方法，*SAR* 模型和 *SEM* 模型的 *FE* 方法估计的低保参保人数的系数分别是-0.060 和-0.061，且均在 10%水平上显著。然而，*FE* 估计方法并没有考虑变量的内生性问题，各变量可能存在因遗漏变量或其他原因导致的在内生性问题。因此，对犯罪率的时间滞后效应、空间效应和解释变量的内生性问题加以控制，是得到稳健、可信的估计结果的必要条件。因此，我们将进一步分析控制了内生性的 *SGMM* 的估计结果。

表 6-3 中 *SGMM* 估计的系数变大且显著程度有较大改善，因而证明了由内生性问题对模型估计结果的准确性造成很大影响，因此选用动态空间面板模型，并利用 *SGMM* 对内生性问题予以控制的做法是合理的。下文重点关注 *SGMM* 的估计结果。接下来我们判断 *SGMM* 的估计结果的合理性，*Sargan* 统计量不显著，这表明 *SGMM* 估计不存在工具变量过度识别的问题，工具变量是合理有效的。另外从 *Wald* 检验的结果来看，模型的拟合效果很理想。*SGMM* 估计结果显示，空间地理距离权重矩阵下的空间滞后项系数显著为正，从而再次印证了中国市域犯罪率存在显著的空间效应，即在空间（地理距离）

上相近城市犯罪的发生在空间表现出集聚效应，这是因为：（1）中国各地级城市之间的交通越来越方便，联系越来越密切，相互影响越来越强。（2）一个城市对犯罪活动的严厉打击，可能会迫使一些惯犯流窜到邻近其他城市继续从事犯罪活动；同时一些犯罪分子在一个城市作案后，为了躲避公安的追捕，可能会逃到其他城市继续作案。因而，相近各地级城市之间的犯罪率存在很强的空间集聚效应。

SGMM 估计显示，低保参保人数系数为-0.065 且上显著，表明低保享受人数每增加 1%，犯罪率将会减少 0.065%。这可能是由于，低保解决了赤贫群体的基本生存问题，保障了他们基本的生存需要，使他们重新燃起了对未来生活的信心，减少了他们为了生存而铤而走险违反法律的概率。另外低保阻止了大部分获得低保救助的贫困人口滑向赤贫状态，阻止了贫富阶层的极端撕裂，减少了极端仇富心态在赤贫群体中的蔓延，从而促进了社会的和谐，减少因仇富导致的犯罪概率的上升。王娟（2011）的研究也证实，导致犯罪发生的诸多因素中，贫穷是主要的诱因。因此假说低保制度降低了犯罪率得到证实。

表 6-3 空间动态面板模型估计结果

解释变量	被解释变量：犯罪率				
	（1）SAR		（2）SEM		（3）空间 SGMM
	RE	FE	RE	FE	
空间系数	-0.404 **	0.350 **	0.945 ***	0.409 **	0.096 **
	(0.195)	(0.165)	(0.023)	(0.172)	(0.042)
犯罪率 (t-1)	0.007 **	0.008 ***	0.063 ***	0.012 ***	0.245
	(0.003)	(0.003)	(0.020)	(0.003)	(0.173)
低保享受人数	-0.052 *	-0.060 *	-0.053 *	-0.061 *	-0.065 **
	(0.030)	(0.035)	(0.029)	(0.035)	(0.032)
人均可支配收入	0.018	-0.059	0.086	-0.054	-0.034 *
	(0.058)	(0.054)	(0.060)	(0.056)	(0.020)
贫富收入差距	0.010	-0.003	0.049 *	0.000	0.028 **
	(0.030)	(0.026)	(0.030)	(0.026)	(0.012)
常住人口数量	0.468 ***	-0.003	0.391 ***	-0.005	0.478 ***
	(0.052)	(0.062)	(0.051)	(0.062)	(0.052)
GDP 增速	0.000	-0.002	-0.003	-0.002	0.000
	(0.002)	(0.001)	(0.002)	(0.001)	(0.002)

续表

解释变量	被解释变量：犯罪率				
	(1) SAR		(2) SEM		(3) 空间 SGMM
	RE	FE	RE	FE	
城镇登记失业人数	0.031* (0.018)	0.002 (0.016)	0.029* (0.017)	0.002 (0.016)	0.066*** (0.022)
城市化水平	0.001 (0.001)	0.001 (0.001)	0.001 (0.001)	0.001 (0.001)	0.001 (0.001)
人口密度	0.082** (0.034)	0.094 (0.202)	0.087*** (0.031)	0..093 (0.202)	0.131*** (0.040)
公共财政支出数量	0.345*** (0.041)	0.106** (0.046)	0.414*** (0.042)	0.123** (0.048)	0.342*** (0.044)
教育水平	0.017* (0.010)	-0.004 (0.009)	0.023** (0.011)	-0.001 (0.010)	0.023*** (0.009)
常数项	2.917* (1.640)		-2.307*** (0.757)		-0.550 (0.636)
年份固定效应	控制	控制	控制	控制	控制
城市固定效应	控制	控制	控制	控制	控制
样本量	1135	1135	1135	1135	1135
R^2	0.751	0.480	0.691	0.534	
Hausman 检验	-327.930 (-)		392.210 (0.000)		
Wald 检验 (P)					713.886 (0.000)
Sargan (P)					0.371
Moran 指数			0.059 (0.000)		

注：***、**和*分别代表显著性水平为1%、5%和10%，括号内的值为标准误。

人均可支配收入对犯罪率有显著的负向影响，这与预期相符，因为人均可支配收入较高的人群生活优越，外部环境良好，没有必要去违反法律；而人均可支配收入很低的人群生活窘迫，当遇到生活变故时容易陷入绝境，提高了他们违反法律的概率。同时，人均可支配收入较高的人群违反了法律将会失去较为优越的生活，因而其违反法律的成本较高；而人均可支配收入很低的人群生活困顿，在人的自尊心受到强烈的冲击的情况下，为了维持基本的生活，容易走上违法犯罪活动之路，其违反法律的成本较低。Fleisher（1963）的研究也证实了低收入将导致犯罪参与的增加，家庭收入与男性青年犯罪率显著负相关。贫富收入差距对犯罪率有显著的正向影响，也与预期相符，贫富收入差距过大造成人的心理扭曲，增加了低收入人群的仇富和仇恨社会心态，容易走上违法犯罪活动的道路。Brush（2007）等人的研究结论也支持了收入差距与财产型犯罪正相关。因此，低保制度通过提高了贫困人口的可支配收入和缩小了贫富差距，从而降低了犯罪率。研究假说中国的低保制度通过提高了贫困人口的可支配收入和缩小了贫富差距，从而降低了犯罪率，进一步得到证实。

三、稳健性检验

表 6-3 中，犯罪率数据来自检察院公诉人数。我们再运用检察院批捕人数作为犯罪的替代指标进行稳健性检验。从表 6-4 可以看出，空间 *SGMM* 估计结果仍然明显优于空间 *SAR* 模型和 *SEM* 模型的估计结果。空间 *SGMM* 估计结果显示，*Sargan* 统计量不显著，*Wald* 检验也非常显著，从而表明工具变量的选取是合理有效的，模型的拟合效果也比较理想。空间系数显著为正，进一步证明中国城市间的犯罪发生有很强的空间集聚效应。

在表 6-4 中，主要解释变量低保享受人数仍然显著为负，主要控制变量人均可支配收入和贫富收入差距系数也显著且符号与表 6-3 一致。因此，可以看出表 6-3 的回归分析结果是稳健可靠的。

表 6-4　检察院批捕人数的空间动态面板模型估计结果

解释变量	被解释变量：犯罪率				
	空间地理距离权重矩阵（W）				
	（1）SAR		（2）SEM		（3）空间 SGMM
	RE	FE	RE	FE	
空间系数	0.037*	0.236*	0.045**	0.162*	0.025**
	(0.019)	(0.135)	(0.020)	(0.094)	(0.012)
犯罪率	−0.004	0.002	0.003	0.002	0.509***
(t−1)	(0.002)	(0.002)	(0.002)	(0.002)	(0.101)

续表

解释变量	被解释变量：犯罪率				
	空间地理距离权重矩阵（W）				
	（1）SAR		（2）SEM		（3）空间
	RE	FE	RE	FE	SGMM
低保享受人数	0.032 (0.029)	0.094*** (0.030)	0.033 (0.025)	0.096*** (0.031)	-0.149** (0.061)
人均可支配收入	-0.187*** (0.051)	-0.193*** (0.046)	-0.182*** (0.040)	-0.196*** (0.047)	-0.130* (0.069)
贫富收入差距	-0.020 (0.026)	-0.020 (0.023)	-0.025 (0.027)	-0.020 (0.023)	0.143* (0.073)
其他控制变量	控制	控制	控制	控制	控制
年份固定效应	控制	控制	控制	控制	控制
城市固定效应	控制	控制	控制	控制	控制
样本量	1135	1135	1135	1135	1135
R^2	0.682	0.394	0.694	0.382	
Hausman 检验	-63.940 (-)		319.871 (0.000)		
Wald 检验（P）					693.287 (0.000)
Sargan（P）					0.071
Moran 指数			0.030 (0.000)		

注：***、**和*分别代表显著性水平为1%、5%和10%，括号内的值为标准误。

四、进一步分析

（一）分地区分析

由于东部地区经济发展水平较高，同时其低保救助水平也较高，因此，东部地区低保制度对犯罪率的影响与其他地区也可能不同，下面我们将全国227个城市分为东部地区和其他地区[1]分别研究低保制度对犯罪率的影响。

表6-5中空间 *SGMM* 估计结果显示，*Sargan* 统计量不显著，*Wald* 检验则非常显著，从而表明工具变量的选取是合理有效的，模型的拟合效果也比较理想。空间系数都显著为正，进一步证明无论东部地区还是其他地区，城市间的犯罪发生有很强的空间集聚效应。

表6-5显示，东部地区和其他地区低保参保人数系数分别为-0.002和-0.130且都在10%水平上显著，可以看出，东部地区低保救助制度对犯罪率的影响显著地小于其他地区。可能是东部地区经济发展水平和民众收入普遍较高，即使相对贫困群体生活也有基本的保障，低保救助制度仅仅起了锦上添花的作用，对贫困群体所起的关键作用有限。但是其他地区民众收入普遍较低，贫困群体基本处于赤贫状态，尽管低保救助水平不高，但对贫困群体起了雪中送炭的关键作用，保障了贫困群体基本的生存需要，对阻止贫困群体因为赤贫而违法犯罪起了关键作用。

表6-5　分地区空间动态面板模型估计结果

解释变量	被解释变量：犯罪率	
	空间地理距离权重矩阵（W）	
	（1）东部地区：SGMM	（2）其他地区：SGMM
空间系数	0.078**	0.016**
	(0.034)	(0.007)
犯罪率	0.277***	0.234*
(t-1)	(0.098)	(0.126)
低保享受人数	-0.002*	-0.130*
	(0.001)	(0.076)
控制变量	控制	控制
年份固定效应	控制	控制
城市固定效应	控制	控制

---

[1]　东部地区包括北京、河北、天津、山东、江苏、上海、浙江、福建、广东和海南包含的城市。除此之外的城市属于其他地区。

解释变量	被解释变量：犯罪率	
	空间地理距离权重矩阵（W）	
	（1）东部地区：SGMM	（2）其他地区：SGMM
样本量	1135	1135
Wald 检验（P）	64.042	30.064
	（0.000）	（0.003）
Sargan（P）	0.059	0.273
Moran 指数（P）	0.020	0.018
	（0.028）	（0.000）

注：***、**和*分别代表显著性水平为1%、5%和10%，括号内的值为标准误。

（二）是否贫困城市分析

由于贫困地区经济发展水平普遍较低，贫困人数较多，因此低保救助制度对犯罪率的影响也可能会较大。下面我们将全国227个城市按照人均可支配收入是否达到每年16 000元为标准分为贫困城市和其他城市，其中贫困城市共24个，将贫困城市设为1，其他城市设为0，并与低保参保人数交叉相乘，研究贫困是否扩大了低保制度对犯罪率的影响。

表6-6　是否贫困和少数民族空间动态面板模型估计结果

解释变量	被解释变量：犯罪率	
	空间地理距离权重矩阵（W）	
	（1）是否贫困：SGMM	（2）是否少数民族：SGMM
空间系数	0.0275***	0.274***
	（0.072）	（0.073）
犯罪率 （t−1）	0.258***	0.276***
	（0.066）	（0.067）
低保享受人数	−0.178*	−0.155
	（0.083）	（0.112）
控制变量	控制	控制
年份固定效应	控制	控制
城市固定效应	控制	控制

续表

解释变量	被解释变量：犯罪率	
	空间地理距离权重矩阵（W）	
	（1）是否贫困：SGMM	（2）是否少数民族：SGMM
样本量	1135	1135
Wald 检验（P）	52.035 (0.000)	55.838 (0.003)
Sargan（P）	0.216	0.250
Moran 指数（P）	0.059 (0.000)	0.059 (0.000)

注：***、**和*分别代表显著性水平为1%、5%和10%，括号内的值为标准误。

从表6-6可以看出，模型（1）空间 SGMM 估计结果显示，Sargan 统计量不显著，Wald 检验则非常显著，从而表明工具变量的选取是合理有效的，模型的拟合效果也比较理想。

表6-6显示，模型（1）的低保享受人数与是否贫困交叉项的估计系数是-0.178且在10%水平上显著。与表6-3相比，贫困显著地扩大了低保制度对犯罪率的影响，贫困城市中低保制度减少犯罪率的效果更加显著。这可能是因为贫困城市原来因为贫困导致犯罪率较高，但低保制度的实施救助了最贫困的一部分人，从而降低了犯罪率。

（三）是否少数民族聚居城市分析

由于少数民族地区经济发展水平普遍较低，贫困人数较多，因此低保救助制度对犯罪率的影响也可能与其他地区不同。下面我们将全国227个城市按照是否属于少数民族自治区或自治州划分为少数民族聚居城市和非少数民族聚居城市，其中少数民族聚居城市共24个，将少数民族聚居城市设为1，其他城市设为0，并与低保参保人数交叉相乘，研究与其他城市相比，少数民族聚居城市的低保制度对犯罪率的影响是否不同。

从表6-6可以看出，模型（2）空间 SGMM 估计结果显示，Sargan 统计量不显著，Wald 检验则非常显著，从而表明工具变量的选取是合理有效的，模型的拟合效果也比较理想。

可以看出模型（2）的低保享受人数与是否少数民族聚居城市交叉项的估

计系数不显著。因此少数民族聚居城市中低保制度对犯罪率的影响与其他城市没有显著区别。这可能是因为中央政府对少数民族自治区或自治州的贫困问题较为重视，对少数民族自治区或自治州扶持力度较大，财政转移支付较多，因此少数民族聚居城市中低保救助制度对犯罪率的影响与其他城市没有显著区别。

第四节　低保制度减少犯罪率的传导机制分析

上文实证研究表明，中国的低保制度能显著的降低中国的犯罪率。本部分将进一步尝试对假说的成因，即对低保制度使得犯罪率降低的形成机制进行解释。研究假说2的逻辑是，中国低保制度一方面提高了贫困人口的可支配收入，直接地降低犯罪率；另一方面缩小了社会的贫富差距间接地降低了犯罪率。有鉴于此，下面将运用中介效应模型对假说2的逻辑分别进行检验。

一、低保的直接效应：可支配收入提高中介效应模型

中国的低保制度的直接减少犯罪率的效应是指低保制度直接提高了贫困人口的可支配收入，使他们有了一份尽管不多但较为稳定的兜底收入，避免了贫困人口陷入赤贫状态，使得贫困人口获得了安全感，重新树立起对未来生活的信心，从而降低了贫困人口违法犯罪的概率。下面构建中介效应模型实证研究中国低保制度如何直接地降低了中国的犯罪率。

$$CRM_{dt} = \theta_0 + \theta_1 LIQ_{dt} + \theta_2 X_{dt} + \delta_d + \lambda_t + \pi_{dt} \tag{6}$$

$$PIN_{dt} = \beta_0 + \beta_1 LIQ_{dt} + \beta_2 Y_{dt} + \chi_d + \kappa_t + \omega_{dt} \tag{7}$$

$$CRM_{dt} = \alpha_0 + \alpha_1 LIQ_{dt} + \alpha_2 PIN_{dt} + \alpha_3 X_{dt} + \phi_d + \varphi_t + \eta_{dt} \tag{8}$$

式（6）中，总效应方程中被解释变量和主要解释变量与式（2）相同，X_{dt} 为其他相关控制变量包括贫富收入差距、常住人口数量、GDP 增速、城镇登记失业人数、城市化水平、人口密度、公共财政支出数量和教育水平，θ_0 至 θ_2 是待估系数。式（7）中，被解释变量是人均可支配收入，主要解释变量是低保享受人数，Y_{dt} 为其他相关控制变量包括 GDP 增速、城镇登记失业人数、城市化水平、公共财政支出数量和教育水平。式（8）中，被解释变量是刑事犯罪率，主要解释变量包括低保享受人数和人均可支配收入，X_{dt} 为其他

相关控制变量。

目前，检验中介效应常用的方法是 *Bootstrap* 法。温忠麟和叶宝娟（2014）对中介效应模型的检验流程进行相应的修改，步骤如下：第一步检验自变量对因变量的总效应，如果显著按中介效应立论；第二步依次检验中介效应方程的系数和加入中介变量后的总效应方程的中介变量系数，如果两个系数都显著，则间接效应显著；第三步检验加入中介变量后的总效应方程的自变量系数，如果不显著即直接效应不显著，说明只有中介效应，如果显著即直接效应显著。第四步比较中介效应方程系数与加入中介变量后总效应方程的中介变量系数的乘积和加入中介变量后的总效应方程的自变量系数的符号，如果同号属于部分中介效应，报告中介效应占总效应的比例。如果异号属于遮掩效应，报告间接效应与直接效应的比例的绝对值。

表6-7 低保享受人数、可支配收入与犯罪率 *Bootstrap* 法估计结果

解释变量	（1）被解释变量：犯罪率	（2）被解释变量：人均可支配收入	（3）被解释变量：犯罪率
低保享受人数	-0.238*** (0.032)	0.215*** (0.008)	-0.222*** (0.035)
人均可支配收入			-0.082* (0.060)
贫富收入差距	0.140*** (0.046)		0.125*** (0.046)
常住人口数量	0.747*** (0.096)		0.750*** (0.096)
GDP 增速	0.002 (0.003)	-0.009** (0.004)	0.003 (0.003)
城镇登记失业人数	0.030a (0.019)	0.017 (0.011)	0.028 a (0.019)
城市化水平	-0.000 (0.001)	-0.000 (0.000)	-0.000 (0.001)
人口密度	-0.018 (0.029)		-0.021 (0.028)
公共财政支出数量	0.340*** (0.071)	0.264*** (0.013)	0.321*** (0.073)

解释变量	（1）被解释变量：犯罪率	（2）被解释变量：人均可支配收入	（3）被解释变量：犯罪率
教育水平	0.039 *** （0.012）	−0.039 *** （0.008）	0.042 *** （0.012）
常数项	−0.224 （0.851）	8.576 *** （0.146）	−0.789 （0.998）
样本量	1135	1135	1135
R^2	0.772	0.644	0.772
Wald 值	4271.360 （0.000）	2325.410 （0.000）	4303.58 （0.000）

注：***、**和*分别代表显著性水平为1%、5%和10%，括号内的值为标准差。

我们逐步对表6-7估计结果进行分析，首先进行第一步检验，总效应方程（6）显示自变量低保享受人数对因变量犯罪率的总效应负显著。然后进行第二步检验，中介效应方程（7）显示低保享受人数对中介变量人均可支配收入有显著正影响，加入中介变量后的总效应方程（8）的中介变量人均可支配收入对犯罪率有显著负影响，这表明间接效应显著。再进行第三步检验，加入中介变量后的总效应方程（8）的自变量低保享受人数对因变量犯罪率的影响系数是负显著的，这表明直接效应也显著。最后进行第四步检验，系数0.215×（−0.082）与系数−0.222符号相同，因此属于部分中介效应；再计算中介效应占总效应的比例，0.215×（−0.082）／（−0.238）＝0.074显示中介效应占总效应的比例为7.4%。因此，低保享受人数通过增加了中介变量人均可支配收入显著地降低了犯罪率，其中，中介变量人均可支配收入的中介效应占总效应的比例为7.4%。

中国低保制度降低犯罪率的直接效应表现在以下方面：低保制度的实施，对享受低保救助的贫困人口来说，低保救助金直接地增加了他们的人均可支配收入，使他们有了尽管不多但是稳定的持续可支配收入，避免了贫困人口陷入赤贫的绝境，从而减少了他们为了生存铤而走险违法犯罪的概率。

二、低保的间接效应：贫富差距缩小中介效应模型

中国的低保制度的间接减少犯罪率的效应是指低保制度间接缩小了贫富

差距，避免了极端的贫富差距，缓和了贫困群体对社会和富裕群体的仇恨心理，从而减少了贫困群体因为对社会和富裕群体的仇恨而违法犯罪的概率。下面构建中介效应模型实证研究中国低保制度如何间接地降低了中国的犯罪率。

$$CRM_{dt} = \theta_0 + \theta_1 LIQ_{dt} + \theta_2 X_{dt} + \delta_d + \lambda_t + \pi_{dt} \tag{9}$$

$$GOW_{dt} = \beta_0 + \beta_1 LIQ_{dt} + \beta_2 Y_{dt} + \chi_d + \kappa_t + \omega_{dt} \tag{10}$$

$$CRM_{dt} = \alpha_0 + \alpha_1 LIQ_{dt} + \alpha_2 GOW_{dt} + \alpha_3 X_{dt} + \phi_d + \varphi_t + \eta_{dt} \tag{11}$$

式（9）中，总效应方程中被解释变量和主要解释变量与式（2）相同，X_{dt} 为其他相关控制变量包括人均可支配收入、常住人口数量、GDP 增速、城镇登记失业人数、城市化水平、人口密度、公共财政支出数量和教育水平，θ_0 至 θ_2 是待估系数。式（10）中，被解释变量是贫富收入差距，主要解释变量是低保享受人数，Y_{dt} 为其他相关控制变量包括人均可支配收入、GDP 增速、城镇登记失业人数、城市化水平、公共财政支出数量和教育水平。式（11）中，被解释变量是刑事犯罪率，主要解释变量包括低保享受人数和贫富差距，X_{dt} 为其他相关控制变量。

我们逐步对表 6-8 估计结果进行分析，首先进行第一步检验，总效应方程（9）显示自变量低保享受人数对因变量犯罪率的总效应负显著。然后进行第二步检验，中介效应方程（10）显示低保享受人数对中介变量贫富收入差距有显著负影响，加入中介变量后的总效应方程（11）的中介变量贫富收入差距对犯罪率有显著正影响，这表明间接效应显著。再进行第三步检验，加入中介变量后的总效应方程（11）的自变量低保享受人数对因变量犯罪率的影响系数是负显著的，这表明直接效应也显著。最后进行第四步检验，系数（-0.006）×0.125 与系数-0.222 符号相同，因此属于部分中介效应；再计算中介效应占总效应的比例，（-0.006）×0.125/（-0.219）= 0.003 显示中介效应占总效应的比例为 0.3%。因此，低保享受人数通过缩小了中介变量贫富收入差距而降低了犯罪率，但中介变量贫富收入差距的中介效应占总效应的比例较小为 0.3%。

中国低保制度降低犯罪率的间接效应表现在以下方面：低保救助金使得贫困人口有了稳定的收入来源，避免了贫富差距的进一步拉大，同时也使得贫困人口对未来的生活重新燃起信心，缓和了贫困人口对社会和富裕群体的心理仇恨情绪，从而减少了贫困人口因为对社会和富裕群体心理仇恨情绪而走上违法犯罪之路的概率。

表 6-8　低保享受人数、贫富收入差距与犯罪率 *Bootstrap* 法估计结果

解释变量	（1）被解释变量：犯罪率	（2）被解释变量：贫富收入差距	（3）被解释变量：犯罪率
低保享受人数	-0.219***	-0.006*	-0.222***
	（0.034）	（0.004）	（0.035）
贫富收入差距			0.125***
			（0.046）
人均可支配收入	-0.142**	-0.487***	-0.082*
	（0.071）	（0.080）	（0.060）
常住人口数量	0.738***		0.750***
	（0.093）		（0.096）
GDP 增速	0.002	-0.005**	0.003
	（0.003）	（0.003）	（0.003）
城镇登记失业人数	0.021	-0.066***	0.028 a
	（0.019）	（0.016）	（0.019）
城市化水平	-0.000	0.000	-0.000
	（0.001）	（0.000）	（0.001）
人口密度	-0.020		-0.021
	（0.027）		（0.028）
公共财政支出数量	0.342***	0.113***	0.321***
	（0.071）	（0.026）	（0.073）
教育水平	0.042***	-0.001	0.042***
	（0.012）	（0.009）	（0.012）
常数项	-0.400	3.700***	-0.789
	（1.000）	（0.730）	（0.998）
样本量	1135	1135	1135
R²	0.771	0.612	0.772
Wald 值	4232.720	4120.150	4303.58
	（0.000）	（0.000）	（0.000）

注：***、**和*分别代表显著性水平为1%、5%和10%，括号内的值为标准差。

第五节　小　结

本书梳理了中国低保制度的典型事实，并提出了低保制度降低了贫困群体犯罪的概率，从而降低了中国犯罪率研究假说。然后运用固定效应模型（*FE*）、随机效应模型（*RE*）、空间滞后模型（*SAR*）、空间误差模型（*SEM*）和空间广义系统矩估计（*SGMM*）等多种计量方法对研究说进行验证，并进一步验证了可支配收入过低导致的贫困问题和贫富差距是低保制度影响犯罪率的中介变量。得出以下主要结论。

（1）本书提出的研究假说是成立的。控制了犯罪率的空间效应后，低保享受人数每增加 1%，犯罪率将会减少 0.065%。东部地区和其他地区低保参保人数系数分别为 -0.002 和 -0.130 且都在 10% 水平上显著，东部地区低保救助制度对犯罪率的影响显著地小于其他地区。

（2）人均可支配收入和贫富差距是低保制度影响犯罪率的中介变量，人均可支配收入的中介效应占总效应的比例为 7.4%，贫富差距是低保制度影响犯罪率的另一个中介变量，贫富差距的中介效应占总效应的比例为 0.3%。因此，人均可支配收入和贫富差距在低保制度与犯罪率关系中起着关键性作用。

（3）十九大报告指出，统筹城乡社会救助体系，完善最低生活保障制度。坚决打赢脱贫攻坚战。让贫困人口和贫困地区同全国一道全面建成小康社会。要动员全社会力量，坚持精准扶贫、精准脱贫，坚持中央统筹省负总责市县抓落实的工作机制，强化党政一把手负总责的责任制，坚持大扶贫格局，注重扶贫同扶志、扶智相结合，深入实施东西部扶贫协作，重点攻克深度贫困地区脱贫任务，确保到 2020 年我国现行标准下农村贫困人口实现脱贫，贫困县全部摘帽，解决区域性整体贫困，做到脱真贫、真脱贫。依据十九大报告精神，为了遏制中国犯罪率的快速上升，也更是为了创造更加和谐的社会，使民众生活更加幸福稳定。首先，大力提高低保救助制度的救助水平。低保救助制度属于典型的公共产品，对保障贫困群体的基本生存起了关键的作用，因此中央政府理应担负起低保救助的基本职责，统一对全国的贫困群体就行救助，提高全国的低保救助水平。其次，改变中国低保其救助规模的不断缩小的趋势，大力扩大低保其救助规模；中央政府督促地方政府提升公共治理水平，解决中国农村低保的目标选择错误率过高的问题，以便使更多的实际贫困人口并真正得到低保救助。最后，因为低保救助制度对除东部外的其他地区起了更为关键的作用，中央政府更应关注和改善除东部外的其他地区的低保救助。

新农合制度减少犯罪率的效应研究

十九大报告指出，完善公共服务体系，保障群众基本生活，不断满足人民日益增长的美好生活需要，不断促进社会公平正义，形成有效的社会治理、良好的社会秩序，使人民获得感、幸福感、安全感更加充实、更有保障、更可持续。加强社会保障体系建设。按照兜底线、织密网、建机制的要求，全面建成覆盖全民、城乡统筹、权责清晰、保障适度、可持续的多层次社会保障体系。全面实施全民参保计划。完善城镇职工基本养老保险和城乡居民基本养老保险制度，尽快实现养老保险全国统筹。完善统一的城乡居民基本医疗保险制度和大病保险制度。完善失业、工伤保险制度。建立全国统一的社会保险公共服务平台。十八届三中全会强调加强社会治安综合治理，依法严密防范和惩治各类违法犯罪活动。然而，目前社会稳定问题滞后于社会经济的发展，制约了社会经济全面、协调和可持续发展。本书试图通过研究发现新农合对减少犯罪率所发挥的重要作用，然后以此为突破点，探索一条切实、有效推动社会稳定发展之路。这是本书研究的一点意义。

一些学者早就对犯罪产生的一般原因从理论方面进行了深入探讨。朱迪斯·布劳（Judith Blau）和彼得·布劳（Peter Blau）提出相对剥夺理论来解释犯罪。穷人看到富人的富有，但自己又不能通过合法途径获取自己想要的财富，于是感到社会不公平，这种"患不均"的心理感可能使他们使用违法犯罪手段（史晋川、吴兴杰，2010）。美国经济学家加里·斯坦利·贝克尔（Gary Stanley Becker）在其犯罪经济学中，将犯罪问题视为时间最优配置问题，决策者在预期的犯罪收益与花费成本、惩罚成本之间进行权衡并抉择。从机会成本角度出发，对于低收入者来说，犯罪意味着相对较低的犯罪机会成本与较高的非法活动收益（史晋川、吴兴杰，2010）。

　　然而，进入新世纪以来，尽管中国经济取得了举世瞩目的成就，然而犯罪率却一直居高不下，中国检察机关起诉案件数从 2007 年的 711 144 件上升到 2015 年的 1 050 879 件，起诉人数从 2007 年的 1 029 050 件上升到 2015 年的 1 437 900 件[1]。是什么原因导致了中国犯罪率的快速上升呢？学者们试图从社会保障体系和社会福利条件的弱化方面来解释中国犯罪率持续上升的原因。中国经济快速增长的同时，困扰绝大多数居民的看病难、养老难、购房难、就业难四大难题至今也没有缓和趋势，甚至越来越难以解决；犯罪率的恶化同社会福利条件的恶化表现出一致性变化趋势，难免不会令人将社会福利条件的弱化联想成中国犯罪率持续上升的一个重要根源（陈刚，2010）。

　　以上研究表明尽管社会保障体系和社会福利条件的弱化是犯罪率持续上升的重要原因，但并没有更加具体明确地指出社会保障体系和社会福利是如何弱化，从而带来了犯罪率的上升？我们梳理了中国新农合制度发展的典型事实，研究发现，由于种种原因中国新农合参合人数自 2011 年开始逐步减少，从而导致一部分未参合人群失去了基本的医疗保障，进而影响了他们从事违法犯罪事件的概率。同时，在研究中本书采用理论分析与实证分析方法相结合，实证分析注重使用空间计量模型和空间广义系统矩估计（SGMM）等多种计量方法的使用，以期获得更为稳健、精确的研究结论，以上是本研究的一点学术贡献。本研究结论对发现中国犯罪率不断上升的直接原因，从而为解决中国犯罪率不断上升的问题提供了理论依据，因此，有一定的现实意义。接下来从以下几个方面展开分析研究，第一节是理论机制、经验事实与研究假说，第二节是模型、方法与数据，第三节是估计结果分析与讨论，第四节是传导机制分析，第五节是小结。

第一节　理论机制、经验事实与研究假说

一、新农合制度与犯罪率

（一）新农合减少犯罪率的直接效应：新农合与可支配收入

新农合影响犯罪率的直接效应是指新农合医保制度减轻了患病农民家庭

――――――――――

〔1〕　数据来源：《中国统计年鉴》。

医疗支出，避免了患病农民家庭因病致贫陷入绝境，从而减少犯罪率。犯罪理论指出可以从政治经济因素以及由此衍生的社会制度来发现犯罪现象发生的原因（曾赟，2009）。而贫困群体由于生活的极端贫困，他们为满足最基本的生存需求，犯罪成为他们求生的最好途径（王娟，2011），而且由于他们生存困难及生活困苦，他们犯罪后机会成本及付出代价很低，这大大增加了赤贫群体的犯罪概率。新农合医保制度尽管还存在参保人数减少和大病报销比例仍然较低等问题，但毫无疑问新农合减轻了农民医疗负担（黄晓宁、李勇，2016），避免了患病农民家庭可支配收入因治病而急剧减少，从而避免了患病农民家庭因病陷入困境。据国务院扶贫办调查，中国现有的 7000 多万贫困农民中，因病致贫的达到 42%，与富裕地区相比，贫困地区的新农合边际受益率更高，贫困地区的农民从新农合服务的扩张中可以获得更大的受益，在新农合服务的缩减中可能遭受更大的损失（卢洪友、刘丹，2016）。

（二）新农合减少犯罪率的间接效应：新农合与贫富收入差距

新农合影响犯罪率的间接效应是指新农合医保制度减少患病家庭的医疗支出，缓和贫富收入差距，同时提高了参保者的健康水平及人力资本，增加了参保者的家庭收入，缩小了贫富收入差距，贫富收入差距的缩小降低了社会的犯罪发生率。新农合医保制度通过以下途径缩小了贫富收入差距。（1）随着新农合制度的不断完善，新农合可以显著减少参保者的医疗支出（Babiarz 等，2012），避免了参保者因病致使收入急剧减少，从而缓和社会的贫富收入差距。另外，卢盛峰和卢洪友（2013）的研究也证实政府提供的医疗保障既可以直接减贫，又可以通过增加农民收入来降低贫困发生率。（2）新农合改善了参保者有病不医的状况，显著提高了参合者的健康水平（程令国、张晔，2012），参保农民健康水平的提高，显著增加了参保农民的人力资本水平，增强了参保后农民日常活动能力和生产能力（黄晓宁、李勇，2016），带来了参保农民收入的持续上升，从而缩小了社会的贫富收入差距。（3）政府提供的医疗保障既形成了政府主导的二次分配，提升贫困地区的新农合保障水平，有利于调节收入不公，缩小贫富差距（卢洪友、刘丹，2016）。社会贫富差距的缩小，减少了下层社会成员对社会的不公平感和不满意感，他们逐步对社会越来越信任，慢慢树立了对未来生活的信心，步入正常生活轨道，最终会减少他们违法犯罪的概率。

二、犯罪率的典型事实

以上分析显示，新农合制度应该会降低犯罪率。进入新世纪以来中国的社会保障体系逐步建立起来。从一般规律来看随着社会保障体系的逐步完善，民众的犯罪率应该逐步下降。然而，我们观察到的中国犯罪率的事实却并不符合理论预期。中国的犯罪率一直维持着较为快速的增长，从图 7-1 可以看出，中国的中国检察院起诉案件数及人数从 2007-2010 年增加速度较为缓慢，但 2010 年增速突然加快，2013-2015 年中国检察院起诉案件数及人数都维持在一个较高的水平。那为何中国的社会保障体系逐步建立和完善并没有降低中国的犯罪率呢？我们认为是中国的新农合医疗保障制度在推行中存在一些问题所致。

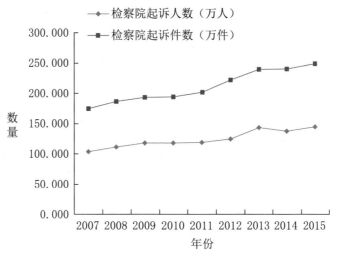

图 7-1　2007-2015 年检察院起诉案件数及人数

数据来源：《中国统计年鉴》

三、新农合制度的典型事实

2002 年 10 月，《中共中央、国务院关于进一步加强农村卫生工作的决定》明确提出逐步建立以大病统筹为主的新型农村合作医疗制度（夏敬，2011）。2016 年 1 月国务院颁布《国务院关于整合城乡居民基本医疗保险制度的意见》整合城镇居民基本医疗保险和新型农村合作医疗两项制度。从图 7-

2 可以发现，中国新农合参保人数从 2006 年的 4.10 亿人快速增加到了 2010 年的 8.36 亿人。然而，从 2011 年开始新农合参保人数缓慢减少，2014 年开始急剧减少，2015 年新农合参保人数减少到了 6.70 亿人。相应的新农合补偿受益人次，也从 2013 年的 19.42 亿人次急剧减少到了 2015 年的 16.53 亿人次。新农合参合人数的减少可能有以下原因：（1）有的城市在 2016 年之前，已经逐步把城市居民基本医疗保险和新农合合并，如广东的大部分城市在 2011 年就已经把两者合并，而把已经合并了两者的城市的农村居民统计为参加了城乡居民基本医疗保险。（2）有的农民进城在企业工作参加了城镇职工基本医疗保险。（3）有的农民进城打零工或从事自我雇佣工作，工作地与报销地分离，报销不方便，随着新农合缴费比例的提高，不愿意继续缴费参合。这部分没有参加新农合的农村居民，既没有参加城镇职工基本医疗保险，也没有稳定的工作和收入来源，一旦他们遭遇疾病只能自己承担医疗费用，这将可能会影响他们从事违法活动的概率。因此，可能是 2011 年之后中国新农合参保人数不断减少不及中国新农合补偿受益人次急剧减少，致使很多实际需要新农合保障的农民并没有真正得到保障，从而对 2011 年之后的犯罪率变化趋势产生了重要影响。

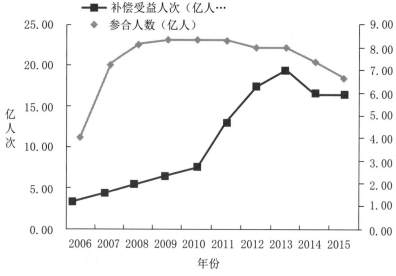

图 7-2 新农合参合人数及补偿受益人数

数据来源：《中国卫生和计划生育统计年鉴》

总之，通过以上分析，我们可以看出，一方面新农合通过减轻了患病农民家庭医疗支出的直接效应直接地减少了犯罪率，另一方面新农合通过缩小了贫富收入差距的间接效应间接地减少了犯罪率。但是 2011 年之后中国新农合参保人数不断减少不及中国新农合补偿受益人次急剧减少，致使很多实际需要新农合保障的农民并没有真正得到保障，从而对 2011 年之后的犯罪率的上升趋势产生了重要影响。因此，我们可以得出以下研究假说：

假说 1：中国新农合医保制度对犯罪率有重要的影响作用，可以降低犯罪发生率。

假说 2：可支配收入过低导致的贫困问题和贫富差距是中国的新农合医保制度对犯罪率产生影响的重要中介变量，中国的新农合医保制度通过减轻了患病农民家庭医疗支出和缩小了社会的贫富差距，从而降低了犯罪概率。

第二节 模型、方法与数据

一、传统静态面板计量模型

依据以上研究假设，本书构建以下面板计量模型：

$$CRM_{dt} = \beta_0 + \beta_1 MIQ_{dt} + \beta_2 PIN_{dt} + \beta_3 GOW_{dt} + + \beta_4 PIP + \beta_5 POP_{dt} + \beta_6 GGDP_{dt} +$$
$$\beta_7 UNE_{dt} + \beta_8 URB_{dt} + \beta_9 DEN_{dt} + \beta_{10} PFC_{dt} + \beta_{11} EDU_{dt} + \lambda_d + \omega_t + \mu_{dt} \qquad (1)$$

其中，被解释变量 CRM_{dt} 表示市 d 在 t 时期的刑事犯罪率，数据表明公安、检察院和法院的犯罪记录数不仅横向高度相关（陈硕，2012），而且纵向也高度相关，因此中国公检法三大刑事司法机关的犯罪记录没有明显优劣，而且检察院作为法律监督机构将对公安机关的刑事立案进行审查，认为构成刑事犯罪的才起诉和批捕。从中国的现实情况来看，检察院起诉和批捕以后，法院基本都会进行有罪判决，因此我们选用检察院起诉率作为犯罪率的替代指标，用城市检察院起诉人数比常住人口得出。主要解释变量 MIQ_{dt} 表示城市 d 在 t 时期的参加新农合的人数。ϕ_d 表示城市固定效应，φ_t 表示时间固定效应，β_0 至 β_{10} 是待估系数，η_{dt} 是随机扰动项。

控制变量 PIN_{dt} 表示城市 d 在 t 时期的人口人均可支配收入。GOW_{dt} 表示城市 d 在 t 时期的贫富收入差距。PIP_{dt} 表示城市 d 在 t 时期的城镇职工养老保险参保率，用城镇职工养老保险参保人数比城市常住人口得出。POP_{dt} 表示城市

d 在 t 时期的常住人口数量。$GGDP_{dt}$ 表示市 d 在 t 时期的 GDP 增长速度。UNE_{dt} 表示城市 d 在 t 时期的城镇登记失业人数。URB_{dt} 表示城市 d 在 t 时期的城市化水平。DEN_{dt} 表示城市 d 在 t 时期的人口密度。PFC_{dt} 表示市 d 在 t 时期的公共财政支出数量。EDU_{dt} 表示市 d 在 t 时期的教育水平，用城市每万人中在校大学生数量代替；教育水平提高了民众的时间偏好及风险厌恶程度，会对犯罪产生影响（Lochner 和 Moretti，2004），故将教育水平也设为控制变量。

二、空间动态面板模型

大多有关犯罪率的研究都假定各地区之间的犯罪率相对独立，没有考虑犯罪率的跨地区外溢现象，但程建新等（2016）的研究证实不同地区之间的犯罪率存在空间效应。空间计量模型则可以通过将相邻地区相关变量的空间滞后项包括进来而弥补这一缺憾，能更完整地衡量犯罪问题。但空间静态面板模型估计可能遗漏了被解释变量的滞后期的影响，另外也可能因为遗漏变量导致有内生性。因此我们构建空间动态面板模型进行估计，对犯罪率的时间滞后效应、空间效应及变量内生性加以控制。

$$CRM_{dt} = \beta_0 + \beta_1 CRM_{d,\,t-1} + \rho WCRM_{dt} + \beta_2 MIQ_{dt} + \beta_3 PIN_{dt} + \beta_4 GOW_{dt} +$$
$$\beta_5 POP_{dt} + \beta_6 GGDP_{dt} + \beta_7 UNE_{dt} + \beta_7 URB_{dt} + \beta_9 DEN_{dt} + \beta_{10} PFC_{dt} + \beta_{11} EDU_{dt} + \lambda_d +$$
$$\omega_t + \mu_{dt} \tag{2}$$

其中，解释变量 $CRM_{d,t-1}$ 表示城市 d 在 $t-1$ 时期的犯罪率。ρ 是空间滞后项系数，反映了在地理空间上邻接区域对本区域犯罪率的空间溢出效应。W 是空间权重矩阵，空间权重矩阵表征空间单元之间的相互依赖关系与关联程度。为对中国市域犯罪率的空间关联特征予以较为准确地反映，本书采用地理距离公路空间权重矩阵（W）：其元素 w_{ij} 表示 i 城市与 j 城市最近公路里程的倒数。以城市间最近公路里程的倒数作为权重元素，不仅能反映区域间的实际空间距离，而且还能在一定程度上反映出地形和经济发展差距的影响。

另外，对于空间面板模型（2）的估计，对于空间动态计量模型首先仍采用极大似然进行估计，但是如果回归模型中出现了由双向因果关系或遗漏变量等原因所导致的内生性问题，那么该方法所得到的回归结果就会出现偏误。因此，再采用系统广义矩估计（$SGMM$）法进行估计，$SGMM$ 通常被视为解决内生性问题的一种有效方法，利用 *SGMM* 方法估计动态空间面板模型往往较传统的极大似然估计更为有效，即使不引入外部工具变量，*SGMM* 也能够从变量的时间趋势变化中选取合适的工具变量（*Elhorst*，2012）。另外，*SGMM* 通常可以通过 *Sargan* 检验对工具变量的有效性和合理性进行判断。

三、数据来源与描述性统计

本书选取了全国 227 个地级城市作为样本城市，搜集了样本城市从 2011—2015 年共 5 年的数据。数据主要来源于《中国统计年鉴》、《中国区域统计年鉴》、《中国城市统计年鉴》、各省市的统计年鉴和地方检察院工作报告。表 7-1 对各个变量进行了概括的描述性统计：

表 7-1　变量描述性统计

变量	观测数	均值	最小值	最大值
检察院公诉率（人/万人）	1135	10.320	0.880	170.210
检察院批捕率（人/万人）	1135	6.660	0.580	39.070
低保享受人数对数	1135	5.415	0.668	7.909
人均可支配收入（元）	1135	18097	1171	52583
贫富收入差距（元）	1135	14095	364	34060
常住人口数量（万人）	1135	481	23.300	3016.550
GDP 增速（%）	1135	10.406	−15.950	22.650
失业人数（人）	1135	29414	1229	850365
城市化水平（%）	1135	36.281	4.470	100
人口密度（人/平方公里）	1135	472	5	2648
财政支出水平（万元）	1135	3600749	167839	61915601
教育水平（人/万人）	1135	369.403	8.97	2215.530

第三节　估计结果分析与讨论

一、传统静态面板模型估计结果及讨论

表 7-2 给出了传统静态面板模型估计结果，对于被解释变量犯罪率，短面板模型经常使用的随机效应模型（*RE*）和固定效应模型（*FE*）的豪斯曼（*Hausman*）检验显示，在 *FE* 和 *RE* 两种估计方法中应该采用 *FE* 估计方法，其估计结果显示新农合参保人数与犯罪率之间呈现正向关系，这与我们的预期不符。因此，采用传统的静态面板模型很可能存在估计偏误，还有必要在考虑空间效应的条件下进行进一步的稳健性估计。

表 7-2　基本面板模型估计结果

解释变量	被解释变量：犯罪率	
	（1）RE	（2）FE
新农合参保人数	0.111 *** (0.038)	0.113 ** (0.056)
人均可支配收入	0.051 (0.055)	0.019 (0.059)
贫富收入差距	0.018 (0.029)	0.027 (0.029)
常住人口数量	0.375 *** (0.052)	0.016 (0.071)
GDP 增速	−0.000 (0.002)	−0.002 (0.002)
城镇登记失业人数	0.030 * (0.018)	−0.002 (0.018)
城市化水平	0.003 *** (0.001)	0.000 (0.001)
人口密度	0.083 ** (0.033)	0.119 (0.229)
公共财政支出数量	0.333 *** (0.039)	0.185 *** (0.048)

续表

解释变量	被解释变量：犯罪率	
	（1）RE	（2）FE
教育水平	0.033***	−0.003
	（0.009）	（0.009）
常数项	−1.312***	3.625**
	（0.468）	（1.488）
样本量	1135	1135
R²	0.774	0.686
Hausman 检验	−138.240	
	（0.000）	

注：*、**和***分别代表显著性水平为10%、5%和1%，括号内的值为标准误

二、空间动态面板模型

表7-3显示空间动态面板模型的估计结果。SAR 模型和 SEM 模型 FE 方法估计的主要解释变量新农合参保人数的系数仍然都不显著，可能是各变量存在内生性所致。因此，我们转向分析控制了内生性的 SGMM 的估计结果。可以看到，与 SAR 模型和 SEM 模型的估计结果相比，SGMM 估计结果的显著程度与合理程度均有较大的改善，因而证明了由内生性问题对模型估计结果的准确性造成很大的影响，因此我们选用动态空间面板模型，并利用 SGMM 对内生性问题予以控制的做法是必要且合理的。下文重点关注 SGMM 的估计结果。

接下来我们判断 SGMM 的估计结果的合理性，Sargan 统计量不显著，这表明 SGMM 估计不存在工具变量过度识别的问题，工具变量是合理有效的。另外，从 Wald 检验的结果来看，模型的拟合效果很理想。SGMM 估计结果显示，空间地理距离权重矩阵下的空间滞后项系数显著为正，再次表明中国城市间的犯罪率发生有很强的空间集聚效应。

表 7-3　空间动态面板模型估计结果

解释变量	被解释变量：犯罪率				
	空间地理距离权重矩阵（W）				
	(1) SAR		(2) SEM		(3) 空间 SGMM
	RE	FE	RE	FE	
空间系数	−0.368*	0.327**	0.941***	0.381**	0.012***
	(0.195)	(0.165)	(0.025)	(0.174)	(0.002)
犯罪率	0.006*	0.008**	0.059***	0.011***	0.280**
(t−1)	(0.003)	(0.003)	(0.020)	(0.003)	(0.125)
新农合参保人数	0.110***	−0.104	0.118***	−0.104	−0.137**
	(0.038)	(0.049)	(0.037)	(0.049)	(0.030)
人均可支配收入	0.049	−0.056	0.123**	−0.049	−0.515***
	(0.058)	(0.054)	(0.060)	(0.055)	(0.142)
贫富收入差距	0.013	−0.002	0.053*	0.002	0.305**
	(0.029)	(0.026)	(0.029)	(0.026)	(0.127)
其他控制变量	控制	控制	控制	控制	控制
样本量	1135	1135	1135	1135	908
R^2	0.774	0.598	0.809	0.643	
Log L	−83.538	423.062	−73.355	423.085	144.272
Hausman 检验	62.680 (0.000)		39.450 (0.000)		
Wald 检验（P）					918.432 (0.000)
Sargan（P）					26.105 (0.348)
Moran 指数			0.182 (0.000)		

注：*、** 和 *** 分别代表显著性水平为 10%、5% 和 1%，括号内的值为标准误。

在表 7-3 中，SGMM 估计结果显示，新农合参保人数系数为 −0.137 且显著，表明新农合参保人数每增加 1%，犯罪率将会减少 0.137%。这可能是由于，新农合保障了生病个体的基本医疗需要，大大减少了生病家庭医疗支出，保障了生病家庭的基本生活，使一部分家庭避免了因病致贫，避免了因病造成家庭陷入绝境，减少了他们为了生活铤而走险违反法律的概率。另外，新农合改善了农民的健康状况，增加了农村户籍家庭的人力资本，较高的人力资本增加了农村户籍家庭的可支配收入，改善了他们的生活状况，进而减少了农村户籍居民违法犯罪的概率。从 2006-2010 年，中国新农合参保人数增长了 103.17%，相应的检察院起诉人数只增加了 13.59%；而从 2010-2015 年，中国新农合参保人数减少了 19.86%，相应的检察院起诉案件数大幅增加了 23.01%，从而可以看出中国新农合参保人数的减少，可能导致了检察院起诉人数的大幅增加。

人均可支配收入对犯罪率有显著的负向影响。因为人均可支配收入较高的人群生活优越，外部环境良好，没有必要去违反法律；而人均可支配收入很低的人群生活窘迫，当遇到生活变故时容易陷入绝境，提高了他们违反法律的概率。同时，人均可支配收入较高的人群违反了法律将会失去较为优越的而生活，因而其违反法律的成本较高；而人均可支配收入很低的人群生活困顿，在人的自尊心受到强烈的冲击的情况下，为了维持基本的生活，容易走上违法犯罪活动之路，其违反法律的成本较低。Fleisher（1963）的研究也证实了低收入将导致犯罪参与的增加，家庭收入与男性青年犯罪率显著负相关。贫富收入差距对犯罪率有显著的正向影响，也与预期相符，贫富收入差距过大造成人的心理扭曲，增加了低收入人群的仇富和仇恨社会心态，容易走上违法犯罪活动的道路。Brush（2007）等人的研究结论也支持了收入差距与财产型犯罪正相关。

三、稳健性检验

表7-3 中，主要解释变量犯罪率数据来自检察院公诉人数。我们再运用检察院批捕人数作为犯罪的替代指标进行稳健性检验。从表7-4 中，空间 *SGMM* 估计结果显示，*Sargan* 统计量不显著，*Wald* 检验也非常显著，从而表明工具变量的选取是合理有效的，模型的拟合效果也比较理想。空间系数在 1% 水平上显著为正，进一步证明中国城市间的犯罪发生有很强的空间集聚效应。

表7-4　检察院批捕人数的空间动态面板模型估计结果

解释变量	被解释变量：犯罪率				
	空间地理距离权重矩阵（W）				
	（1）SAR		（2）SEM		（3）空间 SGMM
	RE	FE	RE	FE	
空间系数	0.073 (0.190)	0.233* (0.127)	0.091 (0.182)	0.115* (0.064)	0.022*** (0.005)
犯罪率 (t-1)	−0.004* (0.002)	0.002 (0.002)	−0.005* (0.003)	0.002 (0.002)	0.692*** (0.092)
新农合参保人数	0.135*** (0.037)	−0.079* (0.043)	0.129*** (0.032)	−0.079* (0.043)	−0.060* (0.038)
其他控制变量	控制	控制	控制	控制	控制
样本量	1135	1135	1135	1135	908
R²	0.695	0.414	0.630	0.404	
Log L	1.823	575.487	5.932	574.789	452.220
Hausman 检验	−131.200 (−)		−163.961 (−)		
Wald 检验（P）					89.042 (0.000)
Sargan（P）					109.889 (0.175)
Moran 指数					0.041 (0.000)

注：*、** 和 *** 分别代表显著性水平为 10%、5% 和 1%，括号内的值为标准误。

在表7-4中，主要解释变量新农合参保人数仍然显著为负，系数符号与表7-3一致。因而显示表7-3的回归分析结果是稳健可靠的。

四、进一步分地区分析

中国社保体系是在省级层面统筹的，由于地区之间经济发展水平不同，新农合制度对犯罪率的影响可能也不同，下面我们将全国227个城市分为东部地区和其他地区[1]分别研究新农合制度对犯罪率的影响。

表7-5 分地区空间动态面板模型估计结果

解释变量	被解释变量：犯罪率	
	空间地理距离权重矩阵（W）	
	（1）东部地区：SGMM	（2）其他地区：SGMM
空间系数	0.058**	0.027**
	（0.022）	（0.009）
犯罪率	0.183***	0.262*
（t-1）	（0.025）	（0.130）
新农合参保人数	-0.006*	-0.102*
	（0.002）	（0.048）
控制变量	控制	控制
年份固定效应	控制	控制
城市固定效应	控制	控制
样本量	1135	1135
Wald 检验（P）	89.037	37.871
	（0.000）	（0.000）
Sargan（P）	185.103	55.836
	（0.062）	（0.265）
Moran 指数（P）	0.027	0.020
	（0.021）	（0.000）

注：*、**和***分别代表显著性水平为10%、5%和1%，括号内的值为标准误。

从表7-5可以看出，东部地区和其他地区的空间SGMM估计结果显示，Sargan统计量不显著，Wald检验则非常显著，从而表明工具变量的选取是合理有效的，模型的拟合效果也比较理想。空间系数在5%水平上都显著为正，进一步证明无论东部地区还是其他地区，中国城市间的犯罪发生有很强的空间集聚效应。东部地区和其他地区新农合参保人数系数分别为-0.006和-0.102且都在10%水平上显著，可以看出，东部地区新农合制度对犯罪率的

---

[1] 东部地区包括北京、河北、天津、山东、江苏、上海、浙江、福建、广东和海南包含的城市。除此之外的城市属于其他地区。

影响显著地小于其他地区。可能是东部地区经济发展水平，民众收入普遍较高，新农合制度所起的关键作用有限。但是其他地区民众收入普遍较低，新农合制度但对普通民众起了雪中送炭的关键作用，对阻止民众因病致贫而违法犯罪起了关键作用。

第四节　新农合制度减少犯罪率的传导机制分析

上文实证研究表明，中国的新农合制度能显著的降低中国的犯罪率。本部分将进一步尝试对假说的成因，即对新农合制度使得犯罪率降低的形成机制进行解释。研究假说 2 的逻辑是，中国新农合制度一方面避免了患病家庭因病致贫并陷入困境，直接地降低了患病家庭的犯罪概率；另一方面新农合制度通过减少参合家庭的医疗支出，改善了参合者的健康水平，从而缩小了社会的贫富差距而间接地降低了犯罪率。有鉴于此，下面将运用方程（3）和（4）对假说 2 的逻辑进行检验。在计量模型的设计上，我们主要参考黎文靖和李耀淘（2014）及孟庆玺等（2016）的做法，先考察解释变量对中介变量的影响，再将解释变量和中介变量交乘后纳入模型，考察其对被解释变量的影响，在研究方法上，我们则继续使用空间计量模型，具体计量如下：

一、新农合与人均可支配收入

中国的新农合医保制度直接减少犯罪率的效应是指新农合医保制度通过避免了患病家庭因病致贫而直接提高了贫困人口的可支配收入，避免了贫困人口陷入赤贫状态，从而降低了贫困人口违法犯罪的概率。下面构建空间计量模型实证研究中国新农合医保制度如何直接地降低了中国的犯罪率。

$$PIN_{dt} = \alpha_0 + \alpha_1 PIN_{d,\,t-1} + \rho W \cdot PIN_{dt} + \alpha_2 MIQ_{dt} + \alpha_3 Y_{dt} + \eta_d + \varphi_t + \kappa_{dt} \quad (6)$$

$$CRM_{dt} = \theta_0 + \theta_1 CRM_{d,\,t-1} + \rho W \cdot CRM_{dt} + \theta_2 MIQ_{dt} \times PIN_{dt} + \theta_3 MIQ_{dt} + \theta_4 X_{dt} +$$

$$\pi_d + \omega_t + \mu_{dt} \quad (7)$$

其中，模型（3）的被解释变量是人均可支配收入 PIN_{dt}，Y_{dt} 是控制变量，主要包括 GDP 增速、城镇登记失业人数、城市化水平、公共财政支出数量和教育水平。模型（7）是在模型（3）的基础上引入了新农合参保人数与人均可支配收入的交乘项 $MIQ_{dt} \times PIN_{dt}$，我们重点关注的是 $MIQ_{dt} \times PIN_{dt}$ 的系数 θ_2，其可以帮助我们判断新农合参保人数是否通过影响人均可支配收入，进而影响了犯罪率。θ_0 至 θ_4 及 α_0 至 α_3 是待估系数，η_d 和 π_d 表示企业固定效应，ϕ_t 和 ω_t 表示时间固定效应，κ_{dt} 和 μ_{dt} 是随机扰动项。

表 7-6 显示，模型（1）和模型（2）$SGMM$ 的估计结果的 $Sargan$ 统计量不显著，这表明 $SGMM$ 估计不存在工具变量过度识别的问题，工具变量是合理有效的。另外，从 $Wald$ 检验的结果来看，模型的拟合效果很理想。$SGMM$ 估计结果显示，空间地理距离权重矩阵下的空间滞后项系数显著为正，表明中国城市间的人均可支配收入和犯罪率发生有很强的空间集聚效应。

模型（1）的 $SGMM$ 估计结果显示，新农合参保人数对人均可支配收入的影响系数为 0.050 且在 5%水平上显著，表明新农合参保人数每增加 1%，人均可支配收入将会增加 0.05%。模型（2）的 $SGMM$ 估计结果显示，新农合参保人数与人均可支配收入的交乘项对犯罪率的影响系数为 -0.010 且在 5%水平上显著，表明新农合参保人数通过增加了人均可支配收入，从而降低了犯罪率。

表 7-6　传导机制分析

解释变量	被解释变量：犯罪率	
	（1）人均可支配收入	（2）犯罪率
空间系数	0.047 ***	0.028 ***
	(0.015)	(0.007)
人均可支配收入 或犯罪率（t-1）	0.387	0.367 ***
	(0.253)	(0.093)
新农合参保人数	0.050 **	控制
	(0.022)	
新农合参保人数 * 人均可支配收入		-0.010 **
		(0.003)
控制变量	控制	控制
样本量	908	908
Log L	681.436	337.356
Wald 检验（P）	221.432	47.897
	(0.000)	(0.000)

续表

解释变量	被解释变量：犯罪率	
	（1）人均可支配收入	（2）犯罪率
Sargan（P）	87.408	18.796
	（0.063）	（0.223）
Moran 指数（P）	0.058	0.007
	（0.000）	（0.032）

注：*、** 和 *** 分别代表显著性水平为 10%、5% 和 1%，括号内的值为标准误。

二、新农合与贫富差距

中国的新农合医保制度间接减少犯罪率的效应是指新农合医保制度通过减少参合家庭的医疗支出，改善了参合者的健康水平，从而缩小了社会的贫富差距而间接地降低了犯罪率。下面构建空间计量模型实证研究中国新农合医保制度如何直接地降低了中国的犯罪率。

$$GOW_{dt} = \alpha_0 + \alpha_1 GOW_{d,\,t-1} + \rho W \cdot GOW_{dt} + \alpha_2 MIQ_{dt} + \alpha_3 Y_{dt} +$$
$$\eta_d + \varphi_t + \kappa_{dt} \qquad\qquad (6)$$

$$CRM_{dt} = \theta_0 + \theta_1 CRM_{d,\,t-1} + \rho W \cdot CRM_{dt} + \theta_2 MIQ_{dt} \times GOW_{dt} + \theta_3 MIQ_{dt} + \theta_4 X_{dt} +$$
$$\pi_d + \omega_t + \mu_{dt} \qquad\qquad (7)$$

其中，模型（3）的被解释变量是贫富差距 GOW_{dt}，Y_{dt} 是控制变量，主要包括 GDP 增速、城镇登记失业人数、城市化水平、公共财政支出数量和教育水平。模型（7）是在模型（3）的基础上引入了新农合参保人数与贫富差距的交乘项 $MIQ_{dt} \times GOW_{dt}$，我们重点关注的是 $MIQ_{dt} \times GOW_{dt}$ 的系数 θ_2，其可以帮助我们判断新农合参保人数是否通过影响贫富差距，进而影响了犯罪率。θ_0 至 θ_4 及 α_0 至 α_3 是待估系数，η_d 和 π_d 表示企业固定效应，φ_t 和 ω_t 表示时间固定效应，κ_{dt} 和 μ_{dt} 是随机扰动项。

表 7-7　传导机制分析-贫富差距

解释变量	被解释变量：犯罪率	
	（1）贫富差距	（2）犯罪率
空间系数	0.037* （0.020）	0.027*** （0.008）
贫富差距 或犯罪率（t-1）	0.754*** （0.090）	0.248*** （0.072）
新农合参保人数	-0.104*** （0.036）	控制
新农合参保人数* 贫富差距		-0.002* （0.001）
控制变量	控制	控制
样本量	908	908
Log L	145.608	370.086
Wald 检验（P）	107.921 （0.000）	46.738 （0.000）
Sargan（P）	60.645 （0.097）	77.632 （0.276）
Moran 指数（P）	0.094 （0.001）	0.065 （0.055）

注：*、**和***分别代表显著性水平为 10%、5%和 1%，括号内的值为标准误。

表 7-7 显示，模型（1）和模型（2）*SGMM* 的估计结果的 *Sargan* 统计量不显著，这表明 *SGMM* 估计不存在工具变量过度识别的问题，工具变量是合理有效的。另外，从 *Wald* 检验的结果来看，模型的拟合效果很理想。*SGMM* 估计结果显示，空间地理距离权重矩阵下的空间滞后项系数显著为正，表明中国城市间的人均可支配收入和犯罪率发生有很强的空间集聚效应。

模型（1）的 *SGMM* 估计结果显示，新农合参保人数对贫富差距的影响系数为 -0.104 且在 1%水平上显著，表明新农合参保人数每增加 1%，贫富差距将会缩小 0.104%。模型（2）的 *SGMM* 估计结果显示，新农合参保人数与贫富差距的交乘项对犯罪率的影响系数为 0.002 且在 10%水平上显著，表明新农合参保人数通过缩小贫富差距，从而降低了犯罪率。

第五节　小　结

本书梳理了中国新农合医保制度的典型事实，并提出了新农合医保制度降低了贫困群体犯罪的概率，从而降低了中国犯罪率研究假说。然后运用固定效应模型（FE）、随机效应模型（RE）、空间滞后模型（SAR）、空间误差模型（SEM）和空间广义系统矩估计（$SGMM$）等多种计量方法对研究说进行验证，并进一步验证了可支配收入过低导致的贫困问题和贫富差距是新农合医保制度影响犯罪率的中介变量。得出以下主要结论。

（1）本书提出的研究假说是成立的。新农合参保人数每增加1%，犯罪率将会减少0.137%。

（2）人均可支配收入和贫富差距是新农合制度影响犯罪率的中介变量。新农合参保人数与人均可支配收入的交乘项对犯罪率的影响系数为-0.010且在5%水平上显著，表明新农合参保人数通过增加了人均可支配收入，从而降低了犯罪率。新农合参保人数与贫富差距的交乘项对犯罪率的影响系数为-0.002且在10%水平上显著，表明新农合参保人数通过缩小贫富差距，从而降低了犯罪率。

（3）十九大指出，深入贯彻以人民为中心的发展思想，使人民健康和医疗卫生水平大幅提高，社会治理体系更加完善，社会大局保持稳定。然而，民生领域还有不少短板，脱贫攻坚任务艰巨，群众在就业、教育、医疗、居住、养老等方面面临不少难题；社会矛盾和问题交织叠加，全面依法治国任务依然繁重，国家治理体系和治理能力有待加强；一些改革部署和重大政策措施需要进一步落实。这些问题，必须着力加以解决。因此，为了遏制中国犯罪率的快速上升，也更是为了创造更加和谐的社会，使民众生活更加幸福稳定。首先，大力提高新农合医保制度报销水平，扩大基本药物覆盖范围。新农合医保制度属于典型的公共产品，对保障中低收入群体的基本医疗起了关键的作用，因此中央政府和地方政府理应合理担负起新农合医保的基本职责，加大中央政府的资金投入水平，提高全国新农合报销水平。其次，改变中国新农合医保制度参保规模的不断缩小的趋势，大力扩大新农合医保制度参保规模；中央政府督促地方政府提升公共治理水平，解决中国公立医院看病难看病贵的问题。

国外社会安全治理制度分析及借鉴

第一节　美国社会安全治理制度分析及借鉴

一、美国社会安全治理制度分析

（一）美国社会安全治理的全面性

美国的城市公共安全治理研究开始于二战之后对自然灾害的研究，经历了风险社会研究，政治稳定方面的研究，公共危机方面的研究，社会预警方面的研究，应急管理方面的研究和从国际政治的角度对国家安全进行的研究（王莹，2017）。据此分析，美国的社会安全治理不仅仅指狭义的社会安全，还包括了广义的社会安全，美国社会安全治理研究的领域宽，涉及对自然灾害、社会风险、政治稳定、公共危机、社会预警、应急管理、国际政治等多个危险源的研究，从源头治理影响社会安全的各个因素。其不仅在自然环境、社会环境的预防和治理等方面建有较为完善的应对机制，在社会保障和社会治安等方面也出台多项法律，有着专业的社会组织和机构参与治理。

（二）美国重视因自然灾害引发的社会危险的治理

飓风、火山、山林大火、洪水、沙尘暴等自然灾害的发生，引起美国学者对自然灾害治理的关注，为了应对这些突发灾难，美国政府开始加强从公共管理方面加强对突发灾难事件的研究（王莹，2017）。另一方面，美国注重对于公民公共灾难意识的培养，尤其在准备和灾难减除阶段，美国的公共信息管理就特意针对社区居民进行教育、告知、培育灾难应对与减除意识，从而推动了公众在灾难来临前做好充分的准备和应对（赵汗青，2012）。

（三） 完善的法律法规应对来自社会各个方面的挑战

在应对自然危机方面，有 1950 年美国颁布的《灾难救济法》（Disaster Relief Act）、1960 年《防洪法》、1968 年的《全国洪水保险法》及 1973 年修改的《防洪法》。从中可以看出，美国有关自然灾害的法律制定也是随着社会的发展不断变化、不断改进的。另外美国在 20 世纪初还颁布了《国土安全法》，2005 年由国土安全部与其他部门和机构合作制定了《国家应急反应计划》。

（四） 有关社会治理的理论成果丰富

在风险社会研究方面，有乌尔里希·贝克的风险社会理论、吉登斯的现代性社会风险理论、卢曼的系统理论、道格拉斯和拉什的风险文化理论。在政治稳定方面，J·戴维斯的"J 型曲线"理论，另外塞缪尔·亨廷顿认为要加快政治制度化进程，才能保持社会稳定与和谐。西摩·李普塞特（Seymour Lipset）认为一切民主制度固有的内在威胁是群体冲突，稳定的民主要求在对立的政治力量之间保持比较缓和的紧张局势。在公共危机方面，比较成熟的理论成果有：斯蒂文·芬克（Steven Fink）危机的生命周期理论，安·伯恩，乌里尔·罗森塔尔（Uriel Rosenthal）以及亚历山大·柯兹敏（Ajren Boin）的危机类型学研究，亚历山大·柯兹敏、欧文·贾尼斯（Irving Janis）的危机决策研究等（王莹，2017）。

二、启示与借鉴

美国的社会安全治理制度主要有以下几方面的特点：

第一，当前，鉴于全球环境变暖和一系列自然灾害的频频发生，我国在进行社会安全治理时，不得不考虑自然灾害对社会安全的影响。美国的社会安全治理研究起步早，最早追溯到 1803 年的美国国会救济法案的制定和实施。二战后，由于自然灾害的频繁发生，美国开始加强对突发自然灾害的研究。自然灾害作为影响社会稳定的因素之一，不仅会扰乱经济秩序，还会给人们的身体和心理带来不可磨灭的影响，从而导致犯罪率上升，社会失序。另一方面，在应对自然灾害时，不仅政府要提供充足能源、食品、药品、日常用品等资源的支持，在也要培育公民的灾难意识和提高公民的应变和自救能力。

第二，美国社会安全治理研究的领域宽，涉及对自然灾害、社会风险、政治稳定、公共危机、社会预警、应急管理、国际政治等多个危险源的研究，从源头治理影响社会安全的各个因素。我国也应该在资金支持、人员配备、装备供应、灾后重建、社会安抚、公众参与等方面建立一套完备的社会安全治理系统。

第三，美国社会安全治理研究的理论成果丰富。在众多学者在对社会安全治理的研究中，涌现处理各种不同的理论和治理方法，在各种观点和学说的交互碰撞中，专家学者们探索出了应对各种社会风险的最优解决办法，形成了一套成熟的社会安全治理制度。当前，我国的社会安全治理理论很多都是学习发达国家的理论，但是实际上，鉴于每个国家都有自身特殊的国情，我们必须立足自身的特点，设计出一套适合我国国情的社会安全治理模式。

第四，由于美国的社会安全治理研究起步早，涉及领域宽，研究足够深入，当前，美国已经形成较为完善的社会安全治理模式，不仅在静态的制度层面出台了《国家应急反应计划》等法律，在互动关系上，也有较为深入的研究，一些学者提出了成功的应急管理的概念；不仅依靠政府的力量，同时还调动了社会组织的积极性；不仅研究社会风险，还考虑自然灾害、政治和国际等因素对社会安全治理的影响；不仅着手处理危机，还建立了各项政治经济指标，提高综合性的社会预警能力。

第二节　欧洲社会安全治理制度分析及借鉴

一、欧洲社会安全治理制度分析

（一）欧洲的社会安全治理制度主要关注社会风险的治理

关注现代化进程中不断出现的潜在的社会风险，出现了社会风险理论、治理理论、犯罪预防理论、警务改革理论等理论学说（王莹，2017）。虽然欧洲处在高纬度，但是受大西洋暖流的影响，气候适宜，受水旱冷热等自然灾害的影响较小，因此，欧洲并不像美国那样关注自然灾害对于社会安全治理的影响。另一方面，由于第一次和第二次工业革命对欧洲社会带来的变革之大，因此欧洲的社会安全治理制度重点在于现代化进程中不断出现的各种社会风险。

（二） 上下互动的治理模式

英国曼彻斯特大学教授格里·斯托克（Gerry Stoker）认为治理指出自政府、但又不限于政府的一套社会公共机构和行为者。社会治理强调上下互动的过程，明确肯定涉及集体行为的各个社会公共机构之间存在的权力依赖（王莹，2017）。启蒙思想的传播使得人人平等、社会契约论的思想深深扎根于欧洲社会，影响着欧洲的政治和经济。毫无例外，欧洲的社会安全治理制度也受社会契约论的影响，提倡一种上下互动的治理模式，强调治理而不是统治，同时提出治理不仅仅依靠政府还依赖社会公共机构。这种平等、互动的治理观不仅可以减轻政府的负担，同时还调动了社会和公民个人的参与度和积极性。

（三） 通过不断改革警察制度提高警察打击和预防犯罪的能力

欧洲的警察制度起源于17世纪，虽然开始的警察制度承担的是阶级镇压的功能，但是在警务改革理论的影响下，经过四次警务革命不断改进，使得欧洲的警察制度形成了专业化和现代化的成熟的警察制度，使英国警察完成从非职业化到专职化、从依附到独立、从传统到现代化的历史演进。

（四） 来自社会风险控制的社会安全隐患

一些著名思想家已经对工业社会的风险控制逻辑提出尖锐的批评，指出正是工业社会风险控制逻辑自身加剧了晚期工业社会的风险。贝克认为，在工业社会前期行之有效的保险已经无法为晚期工业社会提供安全。英国著名社会学家安东尼·吉登斯（Anthony Giddens）也指出，现代社会的安全保障制度——福利国家也已出现严重危机，其表现并不单纯是财政上的，更是一种在人为风险占主导地位的社会中出现的风险管理危机。在某种意义上，福利国家自身已经成了风险之源（郑杭生、洪大用，2004）。

随着福利国家制度等社会保障制度的发展，欧洲出现了一种程度较高的社会安全隐患，即来自社会风险控制本身的社会风险。社会安全保障制度的初衷是为了保障社会稳定，但是这种来自政府或救助机构的帮助如果实施不当，反而会带来更大的社会负担，造成失业现象严重。高标准的福利政策，一方面给人们提供了全面的服务，另一方面也滋长了懒惰和不思进取的思想，削弱了个人的进取和自立精神，一旦既得福利受损，就会引发怨恨，进而导致社会冲动事件的发生。

（五）重视国际组织之间的合作

由于欧洲各国在历史上联系的紧密性、同根同源，因此，欧洲各国易于结成各种形式的国际组织，通过组织之间合作达到共赢的效果。例如，军事政治同盟——北大西洋公约组织。该组织一是为了建立一体化的、民主的、繁荣的处于和平状态之下的欧洲，同时，连同美国和欧洲各国一起应对全球性挑战。欧盟是参与欧洲安全治理的另一重要组织，欧盟旨在实现欧洲经济、政治、军事、社会的一体化，维护欧洲各国的社会稳定（张东升，2010）。

二、启示与借鉴

（一）启示

欧洲社会安全治理制度主要有以下几方面的特点：

第一，欧洲的社会安全治理制度主要关注社会风险的治理。关注现代化进程中不断出现的潜在的社会风险。虽然欧洲处在高纬度，但是受大西洋暖流的影响，气候适宜，受水旱冷热等自然灾害的影响较小，因此，欧洲并不像美国那样关注自然灾害对于社会安全治理的影响。另一方面，由于第一次和第二次工业革命对欧洲社会带来的变革之大，因此欧洲的社会安全治理制度重点在于现代化进程中不断出现的各种社会风险。

第二，上下互动的治理模式。启蒙思想的传播使得人人平等、社会契约论的思想深深扎根于欧洲社会，影响着欧洲的政治和经济。毫无例外，欧洲的社会安全治理制度也受社会契约论的影响，提倡一种上下互动的治理模式，强调治理而不是统治，同时提出治理不仅仅依靠政府还依赖社会公共机构。这种平等、互动的治理观不仅可以减轻政府的负担，同时还调动了社会和公民个人的参与度和积极性。

第三，通过不断改革警察制度提高警察打击和预防犯罪的能力。欧洲的警察制度起源于 17 世纪，虽然开始的警察制度承担的是阶级镇压的功能，但是在警务改革理论的影响下，经过四次警务革命不断改进，使得欧洲的警察制度形成了专业化和现代化的成熟的警察制度。

（二）借鉴

1. 动态性、与时俱进的社会安全治理

当代德国著名社会学家乌尔里希·贝克（Urlich Beck）曾经区分了三类风险，即前工业时代的灾难、古典工业社会的风险和晚期工业社会的大规模灾难（郑杭生、洪大用，2004）。随着社会的发展，不仅社会安全治理理论不断发展，推陈出新，欧洲的社会制度也在不断的改革，例如上文提到的欧洲的四次警务革命。当前，我国社会中也出现了一系列新情况、新问题，如人口老龄化、大数据时代的个人信息保护、电子商务革命、人工智能等的发展也为我国社会治理提出了新要求，针对社会出现的各种问题，我们有必要适时提出新的应对策略，及时预防新的社会安全风险。

2. 携手国际组织，加强地区安全

当前我国积极参与上海合作组织、金砖五国等国际组织的各项事务。上海合作组织的宗旨之一就是致力于维护和保障地区和平、安全和稳定，建立民主、公正、合理的国际政治经济新秩序。我国可以通过和俄罗斯、哈萨克斯坦、吉尔吉斯斯坦等国家的合作，为边疆的和平安全助力。

第三节　日本社会安全治理制度分析及借鉴

一、日本社会安全治理制度分析

日本作为一个自然灾害多发的国家，地震、火山、雪灾时有发生，20 世纪中期日本的社会安全治理模式一直停留在应对以自然灾害为中心的公共安全管理阶段，后来随着日本在现代化进程中不断出现的海上石油泄漏事故、核泄漏事故等事件。日本逐渐将这种单一的防灾体系转向多灾种的综合防灾管理体系（王菠，2010）。

日本曾有效地规避了工业化、城市化与犯罪率同步增长的怪圈，至今为止仍是发达国家中犯罪率最低的国家之一，因此探究日本的社会安全治理制度时，极有必要对承担社会安全治理职能的警察制度进行详细分析。日本警察制度主要有以下几方面的特点。

第一，日本建立了从全国到地方的全面覆盖式的警察制度。日本建立了从上到下金字塔般的五层级的警察组织机构，每个层级的机构管辖范围不同，职能有所区别。国家警察厅是全国警察行政的领导机构，全国设立 9 个大管区警察局、设立 47 个警察本部、一千多个警察署、6248 所交番和 6614 个驻在所。日本注重社区警察制度的建设和完善，因为社区警察是维护基层稳定的重要力量（张荆，2015）。

第二，建立相对独立的监督系统。日本建立了公安委员会制度，不仅在国家层面设置国家公安委员会，还在地方设置都道府县公安委员会，监督警察的公务活动，防止滥用权力。它有效地制约着总理大臣和知事的警察权，保障警察行政运营的民主化，避免党派倾向及保持警察的中立，在保护国民权利和自由，维护公共安全和社会秩序，缓解警民冲突和社会矛盾，以及对警察行政进行监督等方面发挥了重要作用（张荆，2015）。体现了在强大的国家机器面前，国家对人权的保护。

第三，形成警民共治的治理体系。日本通过建立警察署防犯协议会、交番联络协议会、防犯联络所，形成了一个以警察为主导的警民共治的治理格局，通过了解来自民间的信息和意见，有助于第一时间发现犯罪，打击犯罪。

第四，建立双轨制的犯罪防控体系。日本建立了以民间为主导的犯罪防控体系，与警察制度一起形成了防控犯罪的双轨制。提高了民众对预防打击犯罪和营造良好社区的积极性，这也是日本是发达国家中犯罪率最低的国家之一的原因。

第五，形成犯罪防控的整合机制。通过对社会的调节，从源头防止犯罪的发生，在社会巨变中，通过降低失业率，控制消费，降低贫富差距，以及利用传统文化的影响，减缓社会巨变带给人们的不适感，增加人们的安全感，使得日本摆脱经济腾飞和犯罪率同步增长的怪圈。

二、启示与借鉴

鉴于日本作为发达国家犯罪率最低的国家之一，探究日本的社会安全治理制度时，极有必要对承担社会安全治理职能的警察制度进行详细分析。日本警察制度有以下的主要特点值得借鉴。

第一，日本建立了从全国到立方的全面覆盖式的警察制度。日本建立了从上到下金字塔般的五层级的警察组织机构，从每个层级的机构管辖范围不同，职能有所区别。日本注重社区警察制度的建设和完善，因为社区警察是维护基层稳定的重要力量。

第二，日本建立了公安委员会制度，监督警察的公务活动，防止滥用权力，体现了在强大的国家机器面前，国家对人权的保护。

第三，形成警民共治的治理体系。日本通过建立警察署防犯协议会、交番联络协议会、防犯联络所，形成了一个以警察为主导的警民共治的治理格局，通过了解来自民间的信息和意见，有助于第一时间发现犯罪，打击犯罪。

第四，日本建立了以民间为主导的犯罪防控体系，与警察制度一起形成了防控犯罪的双轨制。提高了民众对预防打击犯罪和营造良好社区的积极性，这也是日本是发达国家中犯罪率最低的国家之一的原因。

第五，形成犯罪防控的整合机制。通过对社会的调节，从源头防止犯罪的发生。在社会巨变中，通过降低失业率，控制消费，降低贫富差距，以及利用传统文化的影响，减缓社会巨变带给人们的不适感，增加人们的安全感，使得日本摆脱经济腾飞和犯罪率同步增长的怪圈。

第六，据统计，日本每年发生有感地震约一千多次，其中震级在 3 级以上的每天就有 4 次。面对这样一个地震多发的状况，日本从多方面做好应对地震的准备。例如，平时经常进行的预防演练和危机管理培训、出色的抗震式建筑、多套应急方案、丰富的物资储备，以及日本民众在灾难面前井然有序的态度和互相帮助的合作精神都值得我们学习。

社会安全治理制度供给侧改革策略
与优化方案

第一节　结　论

本书以提高保障和改善民生水平加强和创新社会治理为主线，梳理了中国城市社会保障新二元结构、低保制度和新农合医保制度的典型事实，并提出了城市社会保障新二元结构提高了犯罪率的研究说，以及低保制度和新农合医保制度降低了贫困群体犯罪的概率，从而降低了中国犯罪率研究假说。然后运用固定效应模型（*FE*）、随机效应模型（*RE*）、空间滞后模型（*SAR*）、空间误差模型（*SEM*）和空间广义系统矩估计（*SGMM*）等多种计量方法对研究说进行验证，并进一步验证了城市社会保障二元结构提高了犯罪率以及低保救助制度和新农合医保制度降低了犯罪率的传导机制。得出以下主要结论。

一、土地征收对犯罪率的影响效应研究结论

1. 控制了其他解释变量后，征地数量对犯罪率的影响正显著，征地数量每上升 1%，将会推动犯罪率上升 0.420%。并且运用不同指标度量犯罪率和征地数量后，结果依然稳健。

2. 东部地区和省会城市及副省级城市的土地征收活动对犯罪率的影响与其他地区没有显著区别。

二、城市社会保障二元结构对犯罪率的影响效应研究结论

1. 控制了犯罪的空间效应后，城市社会保障二元结构的代理变量失业保

险未参保率每增加1%，犯罪率将会增加0.038%。并且采用不同的犯罪率替代指标进行检验，结果依然稳定。另外，东部地区城市社会保障二元结构对犯罪率的影响显著地小于其他地区城市。

2. 城市社会保障二元结构对城市外来流动人口的排斥，一方面使他们更加容易因疾病及失业致贫，直接地增加了城市外来流动人口的犯罪概率；另一方面当失业等造成他们的可支配收入下降时，如果没有健全的失业保障体制保护他们，就会间接地增加城市外来流动人口犯罪的可能性。

三、低保制度减少犯罪率的效应研究结论

1. 控制了犯罪率的空间效应后，低保享受人数每增加1%，犯罪率将会减少0.065%。东部地区和其他地区低保参保人数系数分别为-0.002和-0.130且都在10%水平上显著，东部地区低保救助制度对犯罪率的影响显著地小于其他地区。

2. 人均可支配收入和贫富差距是低保制度影响犯罪率的中介变量，人均可支配收入的中介效应占总效应的比例为7.4%，贫富差距是低保制度影响犯罪率的另一个中介变量，贫富差距的中介效应占总效应的比例为0.3%。因此，人均可支配收入和贫富差距在低保制度与犯罪率关系中起着关键性作用。

四、新农合医保制度减少犯罪率的效应研究结论

1. 本书提出的研究假说是成立的。新农合参保人数每增加1%，犯罪率将会减少0.137%。

2. 人均可支配收入和贫富差距是新农合制度影响犯罪率的中介变量。新农合参保人数与人均可支配收入的交乘项对犯罪率的影响系数为-0.010且在5%水平上显著，表明新农合参保人数通过增加了人均可支配收入，从而降低了犯罪率。新农合参保人数与贫富差距的交乘项对犯罪率的影响系数为-0.002且在10%水平上显著，表明新农合参保人数通过缩小贫富差距，从而降低了犯罪率。

第二节　改革策略与优化方案

十九大报告指出，深入贯彻以人民为中心的发展思想，一大批惠民举措

落地实施，人民获得感显著增强。脱贫攻坚战取得决定性进展，六千多万贫困人口稳定脱贫，贫困发生率从百分之十点二下降到百分之四以下。覆盖城乡居民的社会保障体系基本建立，人民健康和医疗卫生水平大幅提高，保障性住房建设稳步推进。社会治理体系更加完善，社会大局保持稳定，国家安全全面加强。让改革发展成果更多更公平惠及全体人民，坚持在发展中保障和改善民生。增进民生福祉是发展的根本目的。必须多谋民生之利、多解民生之忧，在发展中补齐民生短板、促进社会公平正义，在幼有所育、学有所教、劳有所得、病有所医、老有所养、住有所居、弱有所扶上不断取得新进展，深入开展脱贫攻坚，保证全体人民在共建共享发展中有更多获得感，不断促进人的全面发展、全体人民共同富裕。建设平安中国，加强和创新社会治理，维护社会和谐稳定，确保国家长治久安、人民安居乐业。因此，依据十九大精神，结合上文的研究结论，我们应该逐步推进以下改善民生的政策措施。

一、完善土地征收制度

1. 确立土地的农民处置权，以减少地方政府大规模的征地运动，维护农民的正当、合法权益。特别是少数民族聚居地区征地时要更加审慎，加强保护少数民族的土地权益。

2. 尽快出台全国性的以保障农民的土地权益为核心的征地有关法规，督促地方政府减少征地数量，提高征地补偿金额。

3. 强化国土资源部门的执法权力，运用科技手段监督土地资源的安全，严惩未经国土资源部门审批的非法征地行为，维护土地资源安全。

4. 全国统一规划，制定可行有效的实施步骤，逐步消除现存的以户籍制度和土地制度为代表的城乡二元制度，这不仅能促进社会的和谐稳定，而且能为社会经济长久、持续的发展奠定基础。

二、迁移人口融入城市及城乡统一的社会保障制度设计

1. 在制定各种政策时，应遵照统一的原则，不再制造新的二元分割结构，甚至加大各种公共投入向弱势群体的倾斜幅度，以弥补他们过去为社会经济的发展付出的代价。

2. 尽快建立完善统一、广覆盖和较高水平的社会保障体系，为民众建议

一个兜底的社会安全网，这不仅有利于减少犯罪率，而且在中国经济不断下滑的背景下，对社会的和谐稳定发展至关重要。

（1）制定城市非户籍人口养老和失业保障水平全覆盖及逐步提高的机制，最终统一城市养老和失业保障水平。第一，中央政府应该督促地方政府制定城市非户籍人口养老和失业保障水平全覆盖的机制。第二，中央政府应该督促地方政府制定城市非户籍人口养老和失业保障水平逐步提高的机制，比如每年在现有养老金基础上提高30%，几年后最终统一城市养老和失业水平。第三，制定分税制后，中央政府拿走了税收的大头，因此中央政府应该与地方政府共同负担社会保障支出，特别是加大对中西部欠发达地区社会保障体系的支持。

（2）制定农村人口养老和失业社会保障水平逐步提高机制，最终统一城乡养老和失业社会保障水平。第一，农村居民过去为社会建设和经济发展做出来巨大牺牲和贡献，农民的社会保障问题理应被公平的对待。另外农村居民也是弱势群体，政府理应在社会保障政策上予以倾斜和扶持。第二，农民也是一种职业，很多农民失去土地以后，也处于失业状态，也应该享有失业保险保障。第三，中央政府应该督促地方政府制定农村居民养老和失业保障水平全覆盖的机制。第四，中央政府应该督促地方政府制定农村居民养老和失业保障水平逐步提高的机制，最终统一城乡养老和失业水平。第五，中央政府应该与地方政府共同负担农村居民养老和失业社会保障支出。

三、完善低保制度的战略思路

（一）中央财政统筹低保财政资金安排

因为地方政府财政实力相差巨大，如果由地方政府各自负责低保救助，显然违反了公平原则。另外低保救助是典型的公共产品，中央政府财政实力雄厚，应该担负起低保救助责任，由中央财政统一安排全国低保救助资金，更能体现低保救助的公平性。

（二）财政大幅提高低保保障水平和扩大低保保障范围

目前尽管中国低保救助制度对贫困人口维持基本的生存和生活，度过困难阶段起了巨大作用。但低保救助制度还存在救助水平过低，覆盖范围小等问题。因此，下一步中央财政应该加大对低保救助制度的投入，大幅提高低保救助水平，大幅扩大低保救助范围。使得需要低保救助的人都能得到救助。

（三）政策设计激励和监督并举推动低保制度的落实和实施

最低生活保障制度对于保障社会和谐稳定意义重大，更是维护和实现社会公平正义的体现。但从现实来看，当前低保制度在实施中存在名额分配不合理、低保对象评选不透明、低保金发放存在偏差等诸多不合理现象。造成这些不合理现象的原因是多方面的，基层实施中过度重视利益、人情，低保对象的确定可操作性大，相关法律法规、制度不健全，低保制度实施中缺乏监督和透明性。要保障低保制度实施的公平公正性，真正发挥低保制度的应有价值，应坚持客观、公平公正公开、以人为本等原则，一是引入第三方机构参与低保制度实施，二是制定科学合理细化的低保标准，三是完善相关法律法规、制度，四是强化多方力量的参与和监督（周平平、李增元，2017）。

四、完善新农合医保制度的战略思路

（一）大幅提高财政补贴及报销比例，建立财政补贴及报销比例逐步提高的机制

目前，尽管新农合大病报销比例50%左右，但一旦农民遇到大病，动辄几十万的医疗费用，报销之后剩余的50%医疗费对绝大多数农民来说，也是无法承受之重。因此，大幅提高财政对新农合的补贴和大病保险报销比例。同时建立财政补贴及报销比例逐步提高的机制，最终将新农合报销比例提高至70%以上，将大病保险实际支付比例统一提高至95%以上，缓解广泛存在的中国农民医疗贵现象。

（二）扩大大病保障基本药物覆盖范围

目前，纳入新农合医疗保险大病保险的基本药物范围覆盖过窄，而且中国事实上存在以药养医的情况，导致医生倾向于对患者使用较为昂贵的药物，而患者及家属因为医疗知识和信息的不对称，无任何讨价还价的余地，因此中国还广泛存在因大病致贫的现实情况。在现有医疗体制难以短期内改变的情况下，大幅度扩大新农合医疗保险大病保险的基本药物覆盖范围，大幅度扩大大病医疗保险覆盖病种数，使得大病医疗保险覆盖病种扩大到绝大多数

大病病种。通过以上举措基本消除农村居民因病致贫现象。

（三）放松医疗资源供给管控，中央加强对地级城市医疗设施建设专项转移支付

自 1949 年以来，计划经济在资源配置中一直占有重要地位，导致中国的绝大多数优质资源集中在省会城市及特大城市，造成中国优质医疗资源配置严重失衡。其后果是很多农民患大病后不得不到大城市进行治疗，也造成了大城市医疗资源的紧张。治本之策是从县城和地级市等中小城市开始放开医疗及医院民间资本投资限制，大幅增加中小城市优质医疗资源供给，从根本上改变中小城市优质医疗资源稀缺的局面。同时中央财政加强对地级城市医疗设施建设专项转移支付，推动中小城市医疗供给增长。

（四）补贴激励优秀医学毕业生到中小城市就业

中小城市优质医疗资源稀缺还体现在中小城市缺乏优质的医疗人力资本，因此中央财政加大对优质医疗人力资本到中小城市就业提供专项补贴。同时加强对乡村医务人员的专业技能和职业道德培训力度，不断提升其医药服务意识和质量（郑适等，2017），以使得优质医疗人力资源配置更加均衡。

第三节　不足之处及下一步研究方向

一、不足之处

1. 因为养老社会保障制度对犯罪率的影响可能不如低保制度及新农合制度对犯罪率的影响大，故本书没有探讨养老社会保障制度对犯罪率的影响，因此，有待于下一步继续深入探索研究。

2. 因为本书主要聚焦于完善社会保障体系从而提升和创新社会安全治理水平，因此尽管在第六部分介绍了美日欧在其他方面的一些社会安全治理的措施，但并没有进一步详细地去探索除社会保障之外中国提升和创新社会安全治理水平的其他策略。

3. 因为数据的可得性，本书并未模拟预测分析未来中国低保制度和新农合补贴的提高对犯罪发生率的影响。

二、下一步研究方向

1. 从理论、实证等方面继续进一步研究养老社会保障制度对犯罪率的影响，探讨养老社会保障制度对犯罪率的具体影响程度及其影响传导机制。

2. 继续进一步研究除社会保障之外，中国提升和创新社会安全治理水平的其他策略。

3. 继续搜集整理低保制度和新农合的相关数据，进一步模拟预测分析未来中国低保制度和新农合补贴的提高对犯罪发生率的影响。

参考文献

［1］ 白建军：《金融犯罪研究》，法律出版社 2000 年版。

［2］ 财政部：《2010 年中央和地方预算执行与 2011 年预算草案报告》，载 http:// www. gov. cn/ 2011lh/ content _ 1826493. htm，最后访问日期：2017 年 12 月 1 日。

［3］ 蔡禾等：《利益受损农民工的利益抗争行为研究——基于珠三角企业的调查》，载《社会学研究》2009 年第 1 期。

［4］ 蔡继明、李蒙蒙：《土地管理困境：委托—代理的视角》，载《农业经济问题》2022 年第 2 期。

［5］ 曹艳春：《我国城市"低保"制度的靶向精准度实证研究》，载《中央财经大学学报》2016 年第 7 期。

［6］ 曹惠民：《风险社会视角下城市公共安全治理策略研究》，载《学习与实践》2015 年第 3 期。

［7］ 曹清峰：《房价上涨与中国城市"新二元结构"的加剧》，载《经济理论与经济管理》2019 年第 6 期。

［8］ 陈水生：《中国城市低保制度的发展困境与转型研究》，载《社会科学》2014 年第 10 期。

［9］ 陈波、罗荷花：《失业保险的劳动供给效应：抑制还是激励?》，载《调研世界》2020 年第 1 期。

［10］ 陈华等：《"新农合"缓解了农村居民的贫困程度吗?》，载《科学决策》2017 年第 10 期。

［11］ 陈迎春等：《健康中国背景下构建全民医保制度的策略探析》，载《中国医院管理》2016 年第 11 期。

［12］ 陈映芳：《贫困群体利益表达渠道调查》，载《战略与管理》2003 年第 6 期。

［13］ 陈刚：《社会福利支出的犯罪治理效应研究》，载《管理世界》2010 年第 10 期。

［14］ 陈刚等：《人口流动对犯罪率的影响研究》，载《中国人口科学》2009 年第 4 期。

［15］ 陈屹立：《收入差距、经济增长与中国的财产犯罪——1928-2005 年的实证研究》，载《法制与社会发展》2007 年第 5 期。

［16］ 陈硕：《转型期中国的犯罪治理政策：堵还是疏?》，载《经济学（季刊）》2012 年第 2 期。

［17］ 陈硕、章元：《治乱无需重典：转型期中国刑事政策效果分析》，载《经济学（季刊）》2014 年第 4 期。

［18］ 陈强编著：《高级计量经济学及 Stata 应用》，高等教育出版社 2014 年版。

［19］ 陈立中、张迪：《贸易自由化与我国城市贫困之间的关系》，载《国际贸易问题》2009 年第 1 期。

［20］ 陈鹏忠：《农村贫困群体犯罪原因及特征分析——以社会代价论为视角》，载《中国农村观察》2009 年第 1 期。

［21］ 陈春良、易君健：《收入差距与刑事犯罪：基于中国省级面板数据的经验研究》，载《世界经济》2009 年第 1 期。

［22］ 陈雪、吕少德：《土地征收法律中的公众参与机制研究》，载《中国土地科学》2022 年第 2 期。

［23］ 陈宗胜、康健：《中国居民收入分配"葫芦型"格局的理论解释——基于城乡二元经济体制和结构的视角》，载《经济学动态》2019 年第 1 期。

［24］ 陈怡竹：《中国土地征收程序模式之转型：从管理主义到协商合作》，载《中国土地科学》2020 年第 4 期。

［25］ 陈怡竹：《土地征收中被征收人参与的法理与路径选择》，载《中国土地科学》2019 年第 11 期。

［26］ 程俊霞：《城镇居民医保制度运行路径的优化》，载《人力资源管理》2016 年第 1 期。

［27］ 程惠霞：《失业保险制度促进就业功能的发挥及递进研究》，载《社会保障研究》2018 年第 4 期。

［28］ 程令国、张晔：《新农合：经济绩效还是健康绩效?》，载《经济研究》2012 年第 1 期。

［29］ 程晓波：《土地征收中的利益失衡与均衡：一个分析框架》，载《学术月刊》2016 年第 11 期。

［30］ 程玉龙、柳瑞禹：《土地征收中农民与地方政府的利益博弈分析》，载《资源开发与市场》2016 年第 2 期。

［31］ 程建新等：《人口流动、居住模式与地区间犯罪率差异》，载《社会学研究》2016 年第 3 期。

［32］ 程建等：《过犹不及：土地资源资本化与实体经济发展》，载《中国人口·资源与环

境》2002 年第 1 期。

[33] 杜函芮、过勇：《土地资源的产权交易与腐败》，载《经济社会体制比较》2019 年第 3 期。

[34] 杜素珍等：《养老保险缴费率与企业跨省投资转移行为——来自中国上市公司的证据》，载《社会保障研究》2022 年第 4 期。

[35] 董才生、常成：《多维二元结构视角下养老保险全国统筹的现实困境与路径选择》，载《经济纵横》2020 年第 3 期。

[36] ［美］费景汉、古斯塔夫·拉尼斯：《增长和发展：演进观点》，洪银兴等译，商务印书馆 2004 年版。

[37] 方涧：《我国土地征收补偿标准实证差异与完善进路》，载《中国法律评论》2019 年第 5 期。

[38] 范堃等：《职工基本养老保险全国统筹待遇计发方案的优化研究》，载《华东师范大学学报（哲学社会科学版）》2022 年第 3 期。

[39] 房连泉、王远林：《预算软约束、转移支付与地方养老保险征收行为》，载《西南民族大学学报（人文社会科学版）》2022 年第 9 期。

[40] 顾海英等：《现阶段"新二元结构"问题缓解的制度与政策——基于上海外来农民工的调研》，载《管理世界》2011 年第 11 期。

[41] 关博、王雯：《实现养老保险全国统筹的制度梗阻和改革路径研究》，载《宏观经济研究》2021 年第 10 期。

[42] 郭君平等：《城镇二元结构下贫困测度、对比及治理研究》，载《统计与决策》2020 年第 9 期。

[43] 郭亮：《土地征收中的"行政包干制"及其后果》，载《政治学研究》2015 年第 1 期。

[44] 桂华：《地权形态与土地征收秩序——征地制度及其改革》，载《求索》2021 年第 2 期。

[45] ［英］格里·斯托克：《作为理论的治理：五个论点》，华夏风译，载《国际社会科学杂志（中文版）》1999 年第 2 期。

[46] 韩华为、高琴：《中国农村低保制度的保护效果研究——来自中国家庭追踪调查（CFPS）的经验证据》，载《公共管理学报》2017 年第 2 期。

[47] 韩俊：《破除城乡二元结构 走城乡融合发展道路》，载《理论视野》2018 年第 11 期。

[48] 韩克庆、郭瑜：《福利依赖是否存在？——中国城市低保制度的一个实证研究》，载《社会学研究》2012 年第 2 期。

[49] 胡思洋：《低保制度功能定位的制度变迁与合理取向》，载《社会保障研究》2017 年第 1 期。

［50］胡宏兵、高娜娜：《城乡二元结构养老保险与农村居民消费不足》，载《宏观经济研究》2017 年第 7 期。

［51］胡联合等：《贫富差距对违法犯罪活动影响的实证分析》，载《管理世界》2005 年第 6 期。

［52］胡国恒、王丽华：《低保救助制度碎片化问题浅析》，载《社会保障研究》2016 年第 4 期。

［53］胡雅倩：《土地征收、养老计划与家庭保险决策——基于中国家庭金融调查数据（CHFS）的研究》，载《哈尔滨商业大学学报（社会科学版）》2021 年第 2 期。

［54］胡清华等：《农村土地征收对被征地农户福利的影响评价——基于阿马蒂亚·森的可行能力理论》，载《经济地理》2019 年第 12 期。

［55］黄晓宁、李勇：《新农合对农民医疗负担和健康水平影响的实证分析》，载《农业技术经济》2016 年第 4 期。

［56］黄乾、方守林：《养老保险制度对老年人健康的影响：来自中国城镇居民的证据》，载《经济问题》2022 年第 8 期。

［57］黄忠，《成片开发与土地征收》，载《法学研究》2020 年第 5 期。

［58］华子岩：《土地征收成片开发的制度架构与风险控制》，载《中国土地科学》2022 年第 2 期。

［59］江树革：《法治化进程中国城市低保标准管理的政策取向》，载《长白学刊》2016 年第 6 期。

［60］蒋军成、黄子珩：《乡村振兴战略下基本养老保险制度城乡融合路径研究》，载《经济体制改革》2021 年第 6 期。

［61］金晶、李成星：《农户分化视域下农村养老保险选择新趋向——基于江苏 18 个村庄 1302 份样本的实证分析》，载《调研世界》2022 年第 7 期。

［62］金双华、班福玉：《失业保险制度对收入分配的影响——基于缴纳—领取路径的分析》，载《中南财经政法大学学报》2021 年第 5 期。

［63］纪园园等：《养老保险缴费的收入分配效应研究》，载《数量经济技术经济研究》2022 年第 7 期。

［64］康金莉：《20 世纪中国二元经济模式变迁与比较研究——基于三农视角》，载《财经研究》2017 年第 9 期。

［65］乐章、程中培：《收入是低保制度的唯一认定标准吗？——基于政策文本与中国家庭追踪调查数据的分析》，载《学习与实践》2017 年第 7 期。

［66］梁斌、冀慧：《失业保险如何影响求职努力？——来自"中国时间利用调查"的证据》，载《经济研究》2020 年第 3 期。

［67］李珍等：《中国失业保险制度改革方向：纳入社会救助——基于历史背景与功能定位

的分析》，载《社会保障研究》2020年第2期。

[68] 李蹊、杨刚：《我国低保制度存在的问题及对策研究》，载《长春大学学报》2016年第9期。

[69] 李明桥：《基于公平性与可持续视角下的养老保险基金中央调剂制度研究》，载《云南财经大学学报》2022年第1期。

[70] 李增元、张兴佳：《城乡土地增减挂钩政策下的合村并居及其内在逻辑》，载《社会主义研究》2021年第6期。

[71] 李丹等：《民族地区精准扶贫与农村低保制度联动研究》，载《农村经济》2017年第12期。

[72] 李国正：《城乡二元体制、生产要素流动与城乡融合》，载《湖湘论坛》2020年第1期。

[73] 李琦、曹艳春：《我国城镇居民最低生活保障制度降贫效果实证分析》，载《大连理工大学学报（社会科学版）》2017年第4期。

[74] 李俐璇：《关于群体性事件频发和社会主义和谐社会建设问题的思考》，载《法制与社会》2012年第9期。

[75] 李强：《中国城市化进程中的"半融入"与"不融入"》，载《河北学刊》2011年第5期。

[76] 李春斌：《社会公正、社会安全、人类发展：社会保障法制建设的三个价值基点》，载《兰州文理学院学报（社会科学版）》2016年第2期。

[77] 李建国、陈彩萍：《我国全民医保对农村居民的收入效应分析》，载《卫生经济研究》2017年第1期。

[78] 李彤：《论城市公共安全的风险管理》，载《中国安全科学学报》2008年第3期。

[79] 李锡海：《工业化、城市化与犯罪》，载《法学论坛》2009年第1期。

[80] 李金华：《十二个国家犯罪率及相关统计资料》，载《法学杂志》1991年第1期。

[81] 李春根、赵阳：《基本养老保险基金中央调剂制度的空间效应分析》，载《改革》2022年第9期。

[82] 李艳军：《农村最低生活保障目标瞄准机制研究——来自宁夏690户家庭的调查数据》，载《现代经济探讨》2011年第1期。

[83] 黎文靖、李耀淘：《产业政策激励了公司投资吗》，载《中国工业经济》2014年第5期。

[84] 黎大有、张荣芳：《从失业保险到就业保险——中国失业保险制度改革的新路径》，载《中南民族大学学报（人文社会科学版）》2015年第2期。

[85] 凌小丽：《全民医保框架下的城市医疗救助研究》，载《池州学院学报》2017年第1期。

［86］刘广栋、程久苗：《1949 年以来中国农村土地制度变迁的理论和实践》，载《中国农村观察》2007 年第 2 期。

［87］刘凤芹、徐月宾：《谁在享有公共救助资源？——中国农村低保制度的瞄准效果研究》，载《公共管理学报》2016 年第 1 期。

［88］刘军强：《政策的漂移、转化和重叠——中国失业保险结余形成机制研究》，载《管理世界》2022 年第 6 期。

［89］刘璐婵、林闽钢：《"养懒汉"是否存在？——城市低保制度中"福利依赖"问题研究》，载《东岳论丛》2015 年第 10 期。

［90］刘佳、彭佳：《土地约谈抑制地方政府土地财政吗？——基于双重差分法的实证分析》，载《中国土地科学》2022 年第 7 期。

［91］刘春湘等：《农村集体土地征收纠纷的解决机制探究》，载《湖南社会科学》2019 年第 4 期。

［92］刘芳：《我国社会保障制度改革思考》，载《合作经济与科技》2016 年第 17 期。

［93］卢盛峰、卢洪友：《政府救助能够帮助低收入群体走出贫困吗？——基于 1989—2009 年 CHNS 数据的实证研究》，载《财经研究》2013 年第 1 期。

［94］卢洪友、刘丹：《贫困地区农民真的从"新农合"中受益了吗》，载《中国人口·资源与环境》2016 年第 2 期。

［95］卢圣华等：《土地征收中的农民诉求：基于"地方领导留言板"的大数据分析》，载《农业经济问题》2020 年第 7 期。

［96］吕炜、王伟同：《发展失衡、公共服务与政府责任——基于政府偏好和政府效率视角的分析》，载《中国社会科学》2008 年第 4 期。

［97］吕端：《风险视角下我国基本养老保险领域政府责任优化研究》，载《中州学刊》2021 年第 12 期。

［98］连宏萍、陈晓兰：《制度适应理论视野下的土地征收冲突与基层治理实践——以长沙市高新区为例》，载《重庆社会科学》2021 年第 2 期。

［99］罗丹等：《不同农村土地非农化模式的利益分配机制比较研究》，载《管理世界》2005 年第 9 期。

［100］孟庆玺等：《产业政策扶持激励了企业创新吗？——基于"五年规划"变更的自然实验》，载《南方经济》2016 年第 12 期。

［101］孟现玉：《非正规就业者纳入失业保险制度的现实困境与制度调适》，载《税务与经济》2020 年第 5 期。

［102］慕盛学：《"入狱养老"的出现和兴起》，载 http://blog. sina. com. cn / musengxue，最后访问日期：2017 年 12 月 10 日。

［103］倪念红：《我国城乡最低生活保障制度的问题分析与发展对策》，载《经营与管理》

2017 年第 11 期。

[104] 彭章等：《失业保险与公司财务杠杆》，载《金融研究》2021 年第 8 期。

[105] 仇叶、贺雪峰：《泛福利化：农村低保制度的政策目标偏移及其解释》，载《政治学研究》2017 年第 3 期。

[106] 容志：《城市安全风险防控体系的理论建构：基于上海世博会的启示》，载《上海大学学报（社会科学版）》2012 年第 3 期。

[107] 宋泽涛：《新型农村合作医疗政策运行模式对农民就医行为的影响研究》，载《中国高新区》2018 年第 3 期。

[108] 宋胜利等：《重庆市犯罪的地域分布与防控——以渝北区为例》，载《法制与社会》2012 年第 18 期。

[109] 沈国明主编：《城市安全学》，华东师范大学出版社 2008 年版。

[110] 孙全胜：《城市化的二元结构和城乡一体化的实现路径》，载《经济问题探索》2018 年第 4 期。

[111] 孙守纪等：《外部不利冲击背景下构建中国特色失业保险逆周期调节机制》，载《中国地质大学学报（社会科学版）》2020 年第 4 期。

[112] 孙守纪、杨一：《美国失业保险逆周期调节机制研究》，载《经济社会体制比较》2020 年第 3 期。

[113] 孙玉栋、郑垚：《国有资本划转对职工基本养老保险降费率的对冲效果研究》，载《中国人民大学学报》2021 年第 6 期。

[114] ［美］史蒂文·瓦戈：《社会变迁》，王晓黎等译，北京大学出版社 2007 年版。

[115] 史晋川、吴兴杰：《我国地区收入差距、流动人口与刑事犯罪率的实证研究》，载《浙江大学学报（人文社会科学版）》2010 年第 1 期。

[116] 史晋川、吴兴杰：《流动人口、收入差距与犯罪》，载《山东大学学报（哲学社会科学版）》2010 年第 2 期。

[117] 吴业苗：《城乡二元结构的存续与转换——基于城乡一体化公共性向度》，载《浙江社会科学》2018 年第 4 期。

[118] 吴忠民：《中国社会主要群体弱势化趋向问题研究》，载《东岳论丛》2006 年第 2 期。

[119] 吴忠民：《以社会公正奠定社会安全的基础》，载《社会学研究》2012 年第 4 期。

[120] 吴鹏森、戴卫东主编：《社会救助新编》，复旦大学出版社 2015 年。

[121] 吴玉锋等：《农村社会养老保险的多维减贫效应评估》，载《社会保障研究》2022 年第 2 期。

[122] 吴越等：《土地征收中的公私利益平衡与正当程序》，载《农村经济》2020 年第 8 期。

[123] 王娟:《民国初期北京的犯罪与贫困关系研究》,载《北京理工大学学报(社会科学版)》2011 年第 6 期。

[124] 王轩等:《我国社会保障评价体系重构、检验与分析》,载《管理评论》2018 年第 2 期。

[125] 王春光:《农村流动人口的"半城市化"问题研究》,载《社会学研究》2006 年第 5 期。

[126] 王显勇:《回归与变革:我国失业保险法律制度的完善之路》,载《四川大学学报(哲学社会科学版)》2017 年第 5 期。

[127] 王庆日等:《土地要素市场化改革:产权基础、流转路径与收益分配》,载《中国土地科学》2021 年第 12 期。

[128] 王增文、邓大松:《倾向度匹配、救助依赖与瞄准机制——基于社会救助制度实施效应的经验分析》,载《公共管理学报》2012 年第 2 期。

[129] 王东进:《完善全民医保 促进全民健康》,载《中国医疗保险》2017 年第 3 期。

[130] 王莹:《城市公共安全协同治理的模式构建与路径探索》,中国矿业大学 2017 年博士学位论文。

[131] 王菠:《发达国家社会安全管理模式的发展及启示》,载《吉林工商学院学报》2010 年第 3 期。

[132] 王克稳:《论我国经营性土地征收制度改革》,载《法律适用》2019 年第 7 期。

[133] 王克稳:《我国集体土地征收制度的构建》,载《法学研究》2016 年第 1 期。

[134] 汪险生等:《土地征收对农户就业及福利的影响——基于 CHIP 数据的实证分析》,载《公共管理学报》2019 年第 1 期。

[135] 汪三贵、Albert Park:《中国农村贫困人口的估计与瞄准问题》,载《贵州社会科学》2010 年第 2 期。

[136] 汪东升:《流动人口犯罪的现状、原因与防治——以北京为例》,载《北京交通大学学报(社会科学版)》2013 年第 3 期。

[137] 汪晖、陈箫:《土地征收中的农民抗争、谈判和补偿——基于大样本调查的实证分析》,载《农业经济问题》2015 年第 8 期。

[138] 温忠麟、叶宝娟:《中介效应分析:方法和模型发展》,载《心理科学进展》2014 第 5 期。

[139] 薛晓源、李惠斌主编:《当代西方学术前沿研究报告(2005-2006)》,华东师范大学出版社 2006 年版。

[140] 薛冰:《农村集体土地征收补偿的困境反思与制度重构》,载《理论月刊》2017 年第 9 期。

[141] 薛惠元、曹思远:《后疫情时代失业保险基金可持续性与经济调节功能研究》,载

《保险研究》2021 年第 2 期。

[142] 谢予昭：《养老保险税优政策的本土探索、国际经验与提升路径》，载《保险研究》2022 年第 4 期。

[143] 夏敬编著：《社会保险理论与实务》，东北财经大学出版社 2011 年版。

[144] 肖毅敏：《我国城乡土地资源配置的二元方式及其改革研究》，载《湖南社会科学》2015 年第 6 期。

[145] 杨菊华：《中国流动人口的社会融入研究》，载《中国社会科学》2015 年第 2 期。

[146] 杨洋：《企业职工基本养老保险基金全国统筹管理模式研究》，载《社会保障研究》2021 年第 6 期。

[147] 杨瑞龙等：《农村养老保险、代际支持与隔代抚育——基于断点回归设计的经验证据》，载《人口研究》2022 年第 3 期。

[148] 杨善华、苏红：《从"代理型政权经营者"到"谋利型政权经营者"——向市场经济转型背景下的乡镇政权》，载《社会学研究》2002 年第 4 期。

[149] 杨斌、丁建定：《全面实施全民参保计划背景下扩大失业保险覆盖面研究》，载《江西财经大学学报》2019 年第 1 期。

[150] 杨治坤、吴贤静：《土地资源红线的内涵诠释与制度构建》，载《资源开发与市场》2017 年第 7 期。

[151] 阎巍：《我国农村土地改革对集体土地征收补偿分配的影响》，载《法律适用》2022 年第 7 期。

[152] 闫钟：《社会转型期的城市公共安全分析》，载《山西大学学报（哲学社会科学版）》2009 年第 5 期。

[153] 袁菁：《国内外典型医疗保险制度的比较与启示》，载《中国外资》2014 年第 4 期。

[154] 余彪：《土地征收中的问题类型、解决途径及经验启示》，载《西北农林科技大学学报（社会科学版）》2015 年第 5 期。

[155] 于涛：《城市二元结构中的收入差别分析》，载《经济问题探索》2017 年第 7 期。

[156] 张大勇等：《在新农村建设进程中构筑以基本社会保障制度体系为核心的农村社会安全网》，载《中国农业大学学报（社会科学版）》2006 年第 1 期。

[157] 张盈华等：《新中国失业保险 70 年：历史变迁、问题分析与完善建议》，载《社会保障研究》2019 年第 6 期。

[158] 张海东、毕婧千：《城市居民疏离感问题研究——以 2010 年上海调查为例》，载《社会学研究》2014 年第 4 期。

[159] 张阳、刘德法：《流动人口犯罪：现状、原因与防控对策》，载《中州学刊》2012 年第 1 期。

[160] 张海波、童星：《当前中国社会矛盾的内涵、结构与形式——一种跨学科的分析视

野》，载《中州学刊》2015 年第 5 期。

[161] 张东升：《新世纪欧洲安全问题研究——安全治理》，载《南开学报（哲学社会科学版）》2010 年第 5 期。

[162] 张军涛等：《农村劳动力流动对城乡二元经济结构转化的影响——基于经济增长中介效应的分析》，载《经济问题探索》2021 年第 6 期。

[163] 张荆：《日本社会治安管理机制与犯罪防控体系的研究与思考》，载《北京联合大学学报（人文社会科学版）》2015 年第 3 期。

[164] 张宁、李旷奇：《养老保险实质公平：基本内涵、障碍瓶颈与实现路径》，载《湖南师范大学社会科学学报》2022 年第 5 期。

[165] 张心洁等：《生育政策调整对养老保险基金可持续性的影响——基于"全面二孩"走向"全面三孩"的政策背景》，载《中南财经政法大学学报》2022 年第 5 期。

[166] 张子彧、陈友华：《个人视角下养老保险基金收支平衡研究》，载《现代经济探讨》2022 年第 8 期。

[167] 章友德：《转型时期的社会矛盾与城市安全管理》，载《华东理工大学学报（社会科学版）》2008 年第 3 期。

[168] 章元等：《城乡收入差距、民工失业与中国犯罪率的上升》，载《经济研究》2011 年第 2 期。

[169] 赵鼎新：《集体行动、搭便车理论与形式社会学方法》，载《社会学研究》2006 年第 1 期。

[170] 赵汗青、柏维春：《政府在我国城市公共安全中的角色分析——来自治理理论的启示》，载《东北亚论坛》2010 年第 6 期。

[171] 赵汗青：《中国共产党的公共安全观探析》，东北师范大学 2007 年硕士学位论文。

[172] 赵德余：《土地征用过程中农民、地方政府与国家的关系互动》，载《社会学研究》2009 年第 2 期。

[173] 赵立华、苗红军：《中国低保制度与扶贫就业政策的关系对策分析》，载《经贸实践》2017 年第 20 期。

[174] 赵汗青：《中国现代城市公共安全管理研究》，东北师范大学 2012 年博士学位论文。

[175] 郑适等：《"新农合"改善农村居民的身心健康了吗？——来自苏鲁皖豫四省的经验证据》，载《中国软科学》2017 年第 1 期。

[176] 郑功成：《理性促使医保制度走向成熟——中国医保发展历程及"十三五"战略》，载《中国医疗保险》2015 年第 12 期。

[177] 郑秉文：《职工基本养老保险全国统筹的实现路径与制度目标》，载《中国人口科学》2022 年第 2 期。

[178] 郑杭生、洪大用：《中国转型期的社会安全隐患与对策》，载《中国人民大学学报》

2004 年第 2 期。

[179] 曾赟:《对自由意志与因果决定论的修正——犯罪原因兼容论的提出》,载《政治与法律》2009 年第 3 期。

[180] 曾益等:《养老保险全国统筹:经办服务"垂直管理"抑或"属地管理"?——基于基金可持续视角》,载《保险研究》2022 年第 3 期。

[181] 曾益、杨悦:《从中央调剂走向统收统支——全国统筹能降低养老保险财政负担吗?》,载《财经研究》2021 年第 12 期。

[182] 曾益、邓智宇:《社保征收体制改革对养老保险财政负担的影响——基于国地税合并背景的实证分析》,载《社会保障研究》2022 年第 4 期。

[183] 周俊婷、李勇:《新型农村合作医疗对我国农村中老年人健康状况的影响》,载《中国药物经济学》2018 年第 2 期。

[184] 周世军:《城乡二元体制藩篱为何难以打破——基于制度经济学的一个理论阐释》,载《理论月刊》2017 年第 1 期。

[185] 周庆智:《中国城市的权利二元结构——城市化地区居民权利结构分析》,载《学海》2018 年第 1 期。

[186] 周平平、李增元:《试论公平正义下的农村低保制度实施》,载《山东行政学院学报》2017 年第 3 期。

[187] 朱小玉、施文凯:《基本养老保险全国统筹:挑战、目标与阶段性改革建议》,载《中州学刊》2022 年第 1 期。

[188] 左停等:《路径、机理与创新:社会保障促进精准扶贫的政策分析》,载《华中农业大学学报(社会科学版)》2018 年第 1 期。

[189] Babiarz K S et al. China's new cooperative medical scheme improved Finance s of township health centers but not the number of patients served. Health Affairs, 2012, 31 (5).

[190] Brush, J. Does income inequality lead tomore crime? A comparison of cross-sectional and time-series analysis of United States counties, Economics Letters, 2007, 96 (2).

[191] Belton. M. Fleisher. The Effect of Unemploymenton Juvenile Delin -quency, Journal of Political Economy, 1963, 71.

[192] Chen Zhao, et al. Beyond Lewis: rural - to - urban migration with endogenous policy change", China Agricultural Economic Review, 2013, 5 (2).

[193] J. Elhorst. Dynamic spatial panels: models, methods, and inferences. Journal of Geographical Systems, Springer, 2012, 14 (1).

[194] Enrico Ferri. Criminal Sociology, Project Gutenberg, E-text, 1996.

[195] Fajnzylber, P. et al. Inequality and Violent Crime, Journal of Law and Economics, 2002, 45, (1).

［196］Gough, L ea al. Eardley and P. Whiteford. Social Assistan-ce in OECD Countries, Journal of European Social Policy, 1997, 7 (1).

［197］Gurr. Why Men Rebel, Princeton: Princeton University Press, 1970.

［198］Holman. J. E, and J. F. Quinn. Criminology: Applying Theory, St. Paul: West, 1992.

［199］Judith R. Blau, and Peter M. Blau. The Cost of Inequality: Metropolitan Structure and Violent Crime, American Sociological Review, 1982, 47 (1).

［200］Kelly Morgan. Inequality and Crime, Review of Economics and Statistics, 2000, 82 (4).

（199）Kennedy Bruce P et al. Social Capital, Income Inequality and Firearm Violent Crime, Social Science and Medicine, 1998, 47 (1).

［201］Lochner, L and E. Moretti. The Effect of Education on Crime: Evidence from Prison Inmates, Arrests and Selfreports. American Economic Review, 2004, 94 (1).

［202］Long H L, et al. Accelrated restructuring in rural China Fueled by ‘Increasing vs. decreasing Balance’ Lan-use Policy for Dealing with Hollwed Village, Landuse Policy, 2012, 29 (1).

［203］Roddy Mckinnon. Promotioning the Concept of Prevention in Social Security, Issues and Challenges for the International Social Security Association, International Journal of Social Welfare, 2010, (19).